岩波文庫

33-323-6

神秘主義

キリスト教と仏教

鈴木大拙 著

坂東性純
清水守拙 訳

JN053814

岩波書店

Daisetz Teitaro Suzuki

MYSTICISM: CHRISTIAN AND BUDDHIST

1957

序

本書はこの主題に関してきちんと組織立てられた研究と言えるほどのものではない。むしろ、これは著者がキリスト教神秘主義を代表するマイスター・エックハルトの書き物を読んでいる間に、折に触れて書き記した考察を取《と》り纏《まと》めたものである。何故、エックハルトかというと、彼の思想は禅や真宗の思想に限りなく近いからである。禅と真宗は表面的には異なっている。一方は自力宗であり、他方は他力宗である。しかし、その間には読者諸氏も感じられるであろうが、何かしら共通したものがある。そこで、エックハルト、禅、真宗の三者を神秘主義の偉大なる流れに属しているものとして同類と見なすこともできよう。この三者の基底にある連《つな》がりは、必ずしも、これから本書で述べる内容だけで、すべて明らかになるというわけには行かぬであろう。しかしながら、著者の願いとするところは、本書が西洋の学徒に働きかけて、これら三者を是非、研究主題として取り上げてみたいという関心を喚起《かんき》するに足るものであってほしいということである。

本書ではマイスター・エックハルトの二つの英訳本のお世話になった。一つはC・ド・B・エヴァンス訳。もう一つはレイモンド・B・ブレイクニー訳である。著者はこれらからかなり自由に引用させてもらった。ここに感謝の意を表したい。

鈴木(貞太郎)大拙

一九五七年　ニューヨークにて

凡　例

一、本書は、Daisetz Teitaro Suzuki, *Mysticism: Christian and Buddhist*, Harper & Brothers Publishers, 1957 の日本語訳である。
一、『神秘主義　キリスト教と仏教』(岩波書店、二〇〇四年二月刊)を底本とした。
一、大拙による注の箇所は、本文該当箇所の脇に( )を付してアラビア数字で示した。訳者(坂東性純)による注は、本文該当箇所の脇に「＊」を付した。「注」は、本文末にまとめて掲げた。訳者による補いは、〔 〕で示した。
一、「Ⅶ　このまま」から「X　才市の手記より」及び「注」において引用された「才市の歌」は、左の二著を典拠として原歌にもどした。
『妙好人浅原才市集』(春秋社、鈴木大拙編著、一九六七年七月刊)
『定本妙好人才市の歌』(法蔵館、楠恭編、一九八八年四月刊)
転載・収録を御許可くださった楠哲也氏に記して謝意を表します。
一、原書では、「X　才市の手記より」中の「才市の歌」は全一四七篇であるが、一〇九番、一一〇番が同一・重複のため、本書では一四六篇とした。

目次

神秘主義

キリスト教と仏教

I　マイスター・エックハルト[1]と仏教

一

マイスター・エックハルトの考え方と大乗仏教、とくに禅仏教の思考法との親近性に関して、著者は以下の頁において読者の注意を喚起しておきたいと思う。この試みはごくかりそめのざっとしたものであって、組織的・網羅的なものとは程遠いものである。しかし、私は読者がその中において、この魅惑的な主題の研究をさらにおし進めたいという願望を呼び起こすに足る何ものかを発見されんことを願う。

私がはじめてマイスター・エックハルトの説教を二、三載《の》せている小冊子を、かれこれ半世紀以上も前に読んだ時、深い印象を受けた。その訳《わけ》は、それらの説教の中で表明されているような大胆な思想を、古往今来、キリスト教の思想家たる人が懐《いだ》き得《う》る、あるいは懐いたであろうなどとは全く予測だにしなかったからである。その小冊子が、どの説教を内容となしていたかは覚えていないけれども、そこに開陳されていた思想は仏教思想にかなり接近していた。全くあまりにも近かったので、それらはほぼ決定的に仏教的思索に由来するものと太鼓判を押して然《しか》るべきもののように感じられた。私の判断し得る限りでは、エックハルトは桁外《けたはず》れな「キリスト教徒」である、と思われる。

ここでは詳細な点に立ち入ることは避けたいが、少なくともこうは言えるであろう。すなわち、エックハルトのキリスト教はユニークで、多くの点において、ふつうわれわれが合理化された近代主義、または保守的伝統主義を連想させるタイプに属するものとして色分けすることを躊躇《ためら》うものを持っている。彼は豊かで深い宗教的人格から現れ出でた独自の体験の上に立っている。彼はその体験を、伝説や神話をモデルとして作られた歴史的な形態のキリスト教と、和解させようと企てている。彼は自己の体験に〝隠された〟内面的意義を付与しようと試みる。そして、このことを通じて、彼以前の先覚者の大部分の人たちが触れたことのない境涯に入って行くのである。

まず、初めに時と創造について、エックハルトが懐いている見解を話そう。それらはサン・ジェルマンの記念日に行った説教の中に述べられている。彼は伝道の書の中の次の一文を引用する。

「生前、彼は神を喜ばせ、義人とせられた」。

この最初の「生前」の一句を取り上げ、自己の領解に従ってエックハルトは次のように解釈する。

「生前」とは一日だけのことではない。人の日もあれば神の日もある。六、七日前であろうが、六千年以上前であろうが、一日は昨日と同じぐらい現在に近い。何故か？　何故なれば、すべての時は現在のこの時間の中に含まれているからである。時は天の転回から由来するものであって、日はその最初の転回から始まったのだ。人の日はこの時に符合し、万物を明らかに見せてくれる自然の光から成っている。しかしながら、神の日は昼と夜と双方を含む欠け目のない日である。父が独り子を産みたまい、人が神の中に再び生まれる日は、人間にとって永遠の日である、まぎれもない今この瞬間に他ならない(2)。

人の日と神の日は異なったものである。自然のままでいる時、人の魂は時と所を超えて、すべてのことを知っている。遠いも近いもない。そしてこの事実こそ、私が「この日には、すべてのものは平等だ」という所以《ゆえん》なのである。世界が神によって明日とか昨日造られるなどと語ることは、ナンセンスを口にしていることになろう。神は今この瞬間、世界や万物を造りたもうのである。千年前に過ぎ去った時も今この瞬間として現にあり、神への近さと全く変わることはない。この絶対現在の時間に住した人がいるとすれば、その人の内に父なる神はその独り子を産みたまい、この誕生と同時に人は神の内へと生《う》まれ還《かえ》るのである。これはいわば同時出産であって、人が神の内に生まれるや否や、父なる神は人の内に独り子を産んでおられるのである(3)。

父なる神と子なる神は、〝時〟には何ら係わりをもたれない。生起は時の内にあるのではなく、時の果て、時の極まりにあるのである。過去や未来のものごとの動きの中で、君の心情はひょいひょい跳び回る。永遠の消息を知りたいという君の企ては達成されることはない。君は全精神を注ぎこんで天上界のものごとに没頭すべきだ(4)。

また、神は自らのために愛したもう、また自らのために行為したもう。つまり、神は愛のために愛したまい、行為のために行為したもうのだ。もし、自分の意図する創造が自ら創造する行為と別のことであったとしたならば、神は永遠の時の内で、その子なる神を産みたもうことなどなかったであろう。このことを疑うことはできない。かくて、神はずっと創造をお続けになろうとして世界を創造されたのだ。過去や未来は共に神から遠くかけはなれており、神の道とは異質なものなのである。(5)

これらの引用文からして、聖書の創造の説話などは完全に否定し去られていることが分かる。すなわち、それはエックハルトにおいては象徴的意味すらもたぬし、またさらに、彼の神は、大半のキリスト教徒のいだいている神とは、似ても似つかぬものなのである。神は時の中で数学的に数え得る存在ではない。彼の創造行為は歴史的なものでなく、偶然でもなく、全く推し測れるものではない。始めも終わりもなく絶え間なくずっと続いていく。それは昨日・今日・明日のできごとではなく、時間もないところ、無、つまり絶対空なるところから出てくる。神の行為は常に絶対現在に為される。この絶対現在とは、〝それ自体、時であり場所であるような(時を超えた)今〟である。神の行為とは、過去の記録やこれからの予定表とは全く関係のない純粋な愛のはたらきに他ならない。

絶対の現在において、それゆえ相前後した時の流れという観念に全く支配されない今、無から世界を創造したもう神と聞いても、仏教徒は一向に違和感を覚えるようなことはないであろう。おそらく、彼らは、それが仏教の空(*śūnyatā*)の教えの反映に他ならぬと見て、納得することだろう。

二

これからはさらにエックハルトが「存在」「生命」「はたらき」などに関して懐いていた見解を述べた文章を幾つか引用する。

存在とは神に他ならぬ。……神と存在とは同一である。そうでなければ、神はその存在を他から得ていることになり、したがって自分自身、神ではないということになる。……存在するものはすべてその存在するという事実を、存在を通じ、存在から得ている。それゆえ、もし存在が、何か神と異なったものであるならば、そのものはその存在を神とは異なるものから得ていることになる。その上、存在に先立つものは何もない。何故かと言えば、存在を与えるものが創造をなすのであって、自身、創造者に他ならぬからである。創造することは無から存在を現し出すことである。(6)

エックハルトの言い方は、しばしばかなり形而上学的であるので、彼の説教を聴いていた人びとは一体それをどのように受けとめていたのだろうと思わしめられる。その聴衆はそれほど学識があったとは思われぬし、ラテン語や、ラテン語で書き表された神学的な内容には、とんと理解が及ばなかったと考えられる。この存在と神の無からの創造という問題は、全くのところ、彼らを大変困惑させたに違いあるまい。学者たちでさえも、ことに彼らはエックハルトのもっていた宗教体験を、それほど豊かにはもっていなかったことを知るにつけても、エックハルトの言うことは、自分たちの理解を超えていると思ったことだろう。単に頭で考えたり、論理的に推理したりしたところで、深い宗教的意義を帯びた問題を、明快に了《さと》ることなど決してできようはずがない。エックハルトの体験は、存在そのものである神、すなわち、同時に存在でありかつ非存在である神に、根底において、深く豊かな根を下ろしている。つまり、彼は神の創りたもうた万物の中の〝最も卑小なる〟ものの内に、神の実在性（*isticheit*）の栄光のすべてを見ているのである。仏教のさとりの体験といっても、それはこの実在性、すなわち〝ありのまま〟（*tathatā*）の体験以外の何ものでもない。そして、この〝ありのまま〟それ自体の内に、われら人間の思い描き得る、ありとあらゆる貴重な価値（*guṇa*）が宿されているのである。

神の標識《しるし》は存在それ自体である。哲学者も言う通り、単に存在することの中に、ありとあらゆる存在が覆蔵されている。存在こそ最初の名称である。欠陥とは存在の不備のことだ。われらは人生全体が存在となっていなければならぬ。われらの生存が存在それ自体である限り、それだけ神の内に在ると言ってよい。われらの生存がたとえ脆弱《ぜいじゃく》なるものであっても、それを存在そのものと受け取る限り、それは自分の人生で誇りうるいかなるものにも勝っているのである。

私は次のことには一点の疑いも持たぬ。すなわち、もし人の魂が、存在とは一体何を意味するのかということの末の末の一かけらでも理解することができるならば、その人は瞬時たりとも存在から遊離することなど決してないであろう、と。例えば、神の御心の中に感知された一輪の華のように、最も些細なる事物も、それを擁する宇宙それ自体よりも一層完成されていると言えよう。また、存在としての神の内に現存する最も卑小なものでも、天使まがいの知ったかぶりよりはましである。(7)

ここに引いた文章は、大方の読者にはあまりにも抽象的に響くかも知れぬ。この説教は〝刀剣によって死に至らしめられた尊い殉教者たち〟の記念日に行われた、と言われる。エックハルトは、死と苦悩に対して抱いている自分の考えから話し始めているが、この両者は、この現世に属する他のあらゆるものと同様、やがて終熄《しゅうそく》を見るものである。

次いで彼は次のように言う。

「われわれは、幸運・不運・苦痛など、どのような情況に際しても、冷静(*niht betrüeben*)に亡くなった方々を見倣《みなら》うべきである」と。

そして、聖グレゴリーの次の言葉を引いている。

どんな人でも、完全に死に切った人ほど、神に近づいている人はいない。何故なれば、死は彼の人びと(殉教者たち)に存在を与えているから。——彼らは生命を失い、存在を見出したのだ。

神の内にある、と目ざとく見抜かれた、華に対するエックハルトの示唆は、禅僧・南泉と陸亘大夫《りくこうたいふ》との出会いをわれわれに想起させる。そこでは、禅の師匠も僧堂の庭に咲いている花を話題にしているのである。

キリスト教徒の体験が、結局、仏教徒のそれと全く異なったものでないことを、私にますます強く確信せしめてくれるのは、まさにこのような発言に出会う時である。表現の仕方がわれわれの仲を裂いたり、エネルギーの無駄な消費へとわれらを煽り立てるのである。しかしながら、われらは事態を注意深く思《おも》い量《はか》って、本当にわれわれをお互いに疎外せしめるものが一体あるのかないのか、また、われわれの霊性の涵養と世界文化を発展せしめる基盤があるとすればそれは何か、を吟味してみなければならぬ。

神が人間を創造された時、人の魂の中に、ご自身と等しい、魂の活動してやまぬ永遠の秀作を籠められた。それはあまりにも偉大な作品であったので、それは現にある魂以外の何ものでもありえなかったし、人の魂は神の作品以外の何ものでもありえなかったのである。神の本性とか、存在とか、神性と呼ばれるものは、皆、人の魂の内なる神の作品に依存している。神が人の魂の内ではたらきたまい、神が自身のはたらきを楽しまれることは神にとって何と幸せなことであろうか！

そのはたらきとは愛であり、愛が神なのである。神は自らを、自己自身の本質、存在、神性を愛したもう。そして、自らに対する愛のうちで、すべての被造物を被造物としてではなく、神として愛したもう。神が自ら帯びておられる愛の内には、神の全世界に対する愛が宿されているのである。(8)

〝全世界に対する愛が宿されている〟という神の自己愛に関するエックハルトの発言は、ある意味では宇宙に遍満するさとりという仏教の考えに相応するものである。経典の記すところによれば、釈迦がさとりを開いた時、心をもった存在も、もたぬ存在も、すでにさとりの真っ只中にあることを看破したのであるという。さとりという考えはある点において、仏教徒をキリスト教徒よりも一層非人格的に、そして形而上学的であるように思わしめるかも知れぬ。仏教は、そのため、さまざまな種類の付属物を重くまとったキリスト教よりは、ずっと科学的であり合理的であると見なされよう。それゆえ、近年、キリスト教徒の間で、その教えからこれら多年にわたる不要な付属物をはぎとってしまおうという運動が起こっているのである。この試みが一体どれほど成功するであろうかを予言することは難しいが、どの宗教にも不合理なと言われる要素はいくらかあるものである。それらは普通、人が愛を渇望してやまぬ存在であることに、関わり合いを持っている。仏教のさとりの教説は、一部の人びとが漠然と考えているような、帰するところ、血の通わぬ形而上学の体系に他ならぬというわけではない。愛もまたその構成要素の一つとして、さとりの体験内に入りこんでいるのである。というのは、さもなければ人間存在の全体を包摂できぬことになろう。さとりの体験は何も世俗から逃避して、山の頂上に胡座《あぐら》をかき、いわば煩悩に蹂躙《じゅうりん》されている大衆を、超然と見下ろすことを意味するものではない。それは想像以上に涙ぐましい修行の成果なのだ。(さらにエックハルトに聴こう)

汝《なんじ》は特定のイメージをもたぬ神、似姿やそれを知るためのいかなる手だてももたぬ神を知るべきである。――〝しかしながら、神と私との間に何ものも介在させずに、私がそのように神を知るには、私が彼のみとなり、神が私のみとならねばならぬ〟――つまり、私はこう言いたい。神はまぎれもなき私であり、私はまぎれもなき神である。この上もなく一如になり切っているので、この彼とこの私は一如の〝存在〟である。それもこの一如のまま永遠に一つのはたらきをなしつつあるのである。しかし、この彼とこの私、つまり神と私の魂とが直ちにここで今まさに一如となっていないならば、その私は、かの彼と共に用《はたら》くこともできないし、一如であることもありえないのだ。(9)

生命とは何か? 神の存在が、わが生命である。しかし、もしそうであるならば、神のものであるものはすべて私のものであり、私のものはすべて神のものでなければならぬ。神のありのままは私のありのままであるし、それ以上でもそれ以下でもありえない。義とせられたものは永遠に神と共に、神と同等に、より深くもより高くもなく生きる。彼らのすることすべては、神によってなされ、神のなしたもうことは、彼らによって為されるのである。(10)

これらの引用文を一覧して感ずることとは、エックハルトの時代の正統派キリスト教徒が、彼を〝異端者〟として告発し、彼は自身の弁明を行ったが、これは当然のことだったということである。おそらくこれは、人の考えたり感じたりすることには常に相反する傾向があるという、われわれの心理的特性によるものであろう。その相反する傾向とは、外向的・内向的、外側の・内側の、客観的・主観的、顕教的・密教的、伝統的・神秘的の対称である。これら二つの傾向ないし気質の相対は、しばしばどのような形にせよ、相互に妥協せしめるには、あまりにも根深くてしかも根強いものがあるのだ。まさにこういった事実によるが故に、エックハルトは、議論をしている相手方が自分の言わんとするところを把握できていない、とこぼしたのである。彼はよくこのように忠告する。

君が私の心情をもってものを見ることができるのならば、私の言っていることが分かるであろう。しかし、これは本当にそうなのだ。何故ならば、真理そのものがそう語っているからだ。(11)

しかしながら、アウグスチヌスはエックハルトよりもさらに厳しい。彼は次のように言う。

「誰もこのことを理解しないからといって、それが私にとってどんな関わり合いがあるのだ！」(12)と。

三

エックハルトの異端説の一つは、その汎神論的傾向にあった。彼は人間と神とを同等の立場に置いているように思われたのである。（彼は言う）

父なる神は子なる神を私の内に生みたまい、私はまさにその子なる神の内に居るのであって、他のいかなるものの中に居るのでもない。(13)

エックハルトの説教の中の一、二箇所から手当たり次第に文言を摘みとって、一刀両断に彼を汎神論者ときめつけることは危険なことではあるものの、その説教が汎神論に近い思想を多く含んでいることは疑いを容れない。しかし、その批判者たちが、ひょっとして何が何でも彼に異端者の烙印を押してしまいたい邪《よこしま》な意図を持っている無知な当て外れの誤解者でない限りは、公正な審判者なら誰でも、エックハルトが説教の中のいたるところで、次に述べているように、被造物と創造主の間のけじめをきわめて注意深く強調していることに気づくであろう。

「唯一の子なる神と人との間には区別などは存在しない」。

本当にその通りだ。というのは、どうして白いものが白さと区別され、別個のものと考えられうるであろうか？　また、生きていることと、はたらいていることについてもそうであるが、質量と形相とは一つの存在である。しかし、そうであるからといって、質量は形相ではないし、この逆もしかりである。このことは、ヨハネ伝十七章二十一節に述べられている命題〝聖なる人は神と一如である〟についても同様である。天なる神と子なる神が一体であるように、被造物がみな一つになるようにということなのである。しかし、被造物は依然として創造主ではなく、また義とせられた人も神であるというわけではない(14)。

神と神性とは天地の間ほど隔たっている。さらに私はきっぱり次のように言おう。「外的な人と内的な人もまた天地雲泥の差がある」と。神の方が高いところにおられること何千マイルである。しかし、神は来たり、また去りたもう。けれども私の主張をまた持ち出すとすれば、神はすべてのことにおいて自ら楽しみたもう。太陽はその光をすべての被造物の上に投げかける。そして、神に光を投げかけられたものは、いかなるものでもその光を吸収するが、神は自らこの明るさを些《いささ》かなりとも失われることはない(15)。

このことから決定的に分かることは、エックハルトが汎神論者だ、などということは、とんでもないということだ。この点に関しては、大乗仏教も、多様性を帯びたこの世間を全く無視してしまうからとて、誤って汎神論的であるという烙印を押されるのが常である。批評家の中には、超越した神をもたず、それが唯一神ではない教義はすべて汎神論的であるとして、それらは霊性的文化の発展のためには危険なものである、と安易に速断してしまうむきもあるようだ。

確かに、エックハルトはわれわれ一人ひとりの内に、何か神に似たような素質があることを見いだせ、と主張する。見出せないとしたら、神の独り子が人の魂の内に誕生することはありえないことになろうし、神の創りたまえるものすべてが、永遠に神から全く疎外されたものであり続けることになろう。神が造物主として愛である限り、神は決して被造物の外側に存在するはずはない。しかし、このことは神と人とがどのような意味においても全く同じだということを意味するものと受け取ってはならぬ。エックハルトは内的な人と外的な人とを区別する。一方の人が見たり聞いたりすることは、他方の人のと同様ではないのだ。それ故、ある意味では次のように言うことができるであろう。われわれすべては同一の世界に住んでいるわけではなく、人が自分なりに認得する神は、他の人が思う神と同じ枠の中には決して納まり切れるものではない、と。エックハルトの神は、超越的でもなく、また汎神論的なものでもないのである。

神は去り、来たり、また、物ごとを為し遂げ、活動的であり、絶えず変化する。しかし、神性は動かず、かき乱されず、また近づきがたい。神と神性は天と地ほどの開きがあるにもかかわらず、神性は自らの内から外へ出て行かねば、それ自身たることができない。言い換えれば、彼は固定した自分でない時にこそ、本当の自分たり得るのである。

この〝矛盾〟は、内的な人にしてはじめて理解し得るのであって、外的な人には理解できぬ。そのわけは、外的な人は世界を五感や知性を通じて見ており、その結果、神性のとてつもない深さを体験できぬからである。

エックハルトがどのような影響を、ユダヤ教(マイモニデース)、アラブの宗教(回教・アヴィチェンナ)、あるいは、新プラトン派の思想から蒙《こうむ》ったにせよ、彼が、自身の神学上その他の体験に基づいて、独創的な見解をもっていたこと、そして、それが際立って大乗仏教的であったことに疑問を差し挟む余地はない。クマラスワーミの次の発言は、頗《すこぶ》る正鵠を得たものと言えよう。

エックハルトの考え方は、インド的思考法に驚くほど接近している好例である。文章全体、あるいは個々の文章の多くが、あたかもサンスクリット語からの直訳であるかのような印象を与える。……とはいえ、エックハルトの著作中、実際に見られるあらゆるインド的要素が、新プラトン派やアラビア思想に由来するものであるなどと言わんとするものではない。しかし、似たものの存在により証明されるものは一つの思考形式が他に与えた影響ではなく、世界のどこでもいつでも見られる、形而上学的な伝統の一貫性に他ならない(16)。

四

さてこの辺で、空の教義に関して、エックハルトの思想が帯びている、大乗仏教――とりわけ禅仏教――との親近性を調べてみる必要があろう。

仏教の空の教説は不幸にして西洋では大いに誤解されている。〝空っぽ〟〝何もない〟という言葉が人びとを驚かせ遠ざけているようだ。ところが、内輪でその言葉を使う時には、それに反撥《はんぱつ》することはないようである。ある種のインド思想は虚無的であると言われるのに対して、エックハルトは、例えば〝砂漠〟〝静けさ〟〝沈黙〟〝無〟といったような消極的な意義を帯びた言葉を手加減も加えずに用いているのに、この点で非難されたことは全くない。おそらくは、これらの言葉が西洋の思想家たちの間で使われる時は、彼らの歴史的な背景と関連して理解されるからであろう。しかし、これらの思想家たちが異国の馴染《なじ》みの薄い体系や雰囲気の中に放りこまれるや、彼らはバランスを失い、それを消極主義的で無秩序な、逃避的エゴイズムに加担するものとして非難するのである。

エックハルトは次のように言う。

私はこれまで多くの異教徒の哲学者や賢人の書いたもの、旧約・新約聖書等を読んできた。そして、私は真面目にかつ真剣に、人がもっとも神に近づき得て、そこにおいて人が、神と我との別など存在しなかった創造以前に、神の中で示していた原初の姿のように再び成れるような最良にして最高の徳を、求め続けた。そして、全力を傾けて事物の根底に沈潜することによって、その徳とは、あらゆる被造物からの離脱(*abegescheidenheit*)であることに気づいた。われらの主が、マルタに言われた次のお言葉は、正にこの意味であったのだ。「必要とされるものはたった一つである」と。すなわち、何ものにも汚されず純粋でありたいと願うものにとって必要なものはたった一つである。すなわち、〝離脱〟である。(17)

では、完全なる無執着の内容は何なのか？　エックハルトも言うように、それは、〝これ〟とか〝あれ〟とか言い表せるものではない。それは、純粋な無(*bloss niht*)で、そこにおいてこそ神が思いのままわれらの内に用《はたら》きたもう頂点なのである。

完全なる無執着とは、何も顧慮しないことで、被造物に関して、卑しさ、高貴さなどを問わず、資質が低いとか向上の余地ありなどということを一切気にしない。自らの主とならんとするばかりで、誰をも愛着したり憎んだりせず、好き嫌いの思いを離れ、誰彼の選別もしない。こうありたいという唯一つの願いは、変わりないものであることなのだ。というのは、このように、あるいはあのようにあるべきだということは、何かを欲することであるからである。このような人、あのような人というのは誰かであるということである。しかし、無執着は全く何も欲しないことである。すべてのものごとを手つかずのままにしておくことである(18)。

仏教徒が強調することは、すべての〝組み立てられたもの〟(*skandha*)が空であり、それ故、形を超えているということであるが、ここでエックハルトが主張しているのは、〝純粋の無〟の心理的な意義である。これがため、神は個々人の側から何らの抵抗を受けることもなしに人の魂を捉えることができるのである。しかし、実践の見地からすれば、人の魂が、私心を失《な》くして空無化することは、われわれが万物の本性の存在論的な理解、すなわち、造られた事物は本来、無であるという理解をもたぬ限り、完全に実現することは決してありえない。何となれば、被造物は実在性をもたぬからである。すべての造られたるものは純粋の無である。というのは、

「万物は彼(神)によって造られ、神なくしては何ものも造られなかったであろうから」(ヨハネ伝・一章三節)。

そしてさらに、

「もし、神がおられぬならば、被造物が神なくして、たとえわずかでも、何らかの存在性をもつことができるなら、神は万物の因ではないということになる」(19)。

これは一体、何を意味しているのだろうか？　いやしくも存在しているものが、無から、あるいは非存在から由来するなどということがどうしてありうるであろうか？　この時点で、心理学は否応なしに形而上学の方向に向かわざるを得ない。ここでわれわれは、神性の問題に出会うのである。

エックハルトがこの問題には滅多《めった》に触れなかったことは、明白である。というのは、彼は読者に繰り返し警告して次のように言っているからである。

「さて、聴きたまえ。これまで全く触れたことのないことをこれから話そう」。

そして、彼は続ける。

神が天、地、人を造りたもうた時、彼は何ごとかをなされたわけではない。これといってすることもなく、いかなる努力もされなかった。

そこから、彼は更に言葉を続けて、神性に関しての思いを述べる。しかし、こう付け加えることを忘れない。

ところでもう一度、私がこれまで全く触れなかったことを述べよう。すなわち、神と神性は天地の距《へだ》たりほど異なったものである。

彼は、本当は〝神性〟と言うべき時に、〝神〟という言葉を使ったりしていて、両者のはっきりとした区別を、しばしば、し損なうこともあるが、区別をしようという試みは注目に値する。彼にとって神は、「動き」「はたらき」、または、「何ごとかをなす」という痕跡がある限り、何ものかであるのである。神性のことになると、われわれは初めて、それは動かぬものであり、そこに到達するいかなる道もない(*apada*)ところの無なるものであることに気づくのである。それは絶対の無であり、それゆえ、そこから万物が由来する、存在の根底なのである。

その奥底、神性の河・源泉としての存在の根底の中で私が生きている間、私は一体どこに行こうとしているのか、また、私が何をしているのか、などと訊ねてくる人は誰もいなかった。私に訊ねる人すらいなかったのだ。私がその流れに身を委《ゆだ》ねている時、すべての被造物は神を語っていた。「エックハルト兄弟よ、一体あなたはいつ、家を出てしまったのかね？」と、訊《き》かれるようなことがあるならば、私はずっと家にいたに違いない。まさに、そのようにすべての被造物は、神の言葉を語っているのだ。では、何故、彼らは神性を語らないのか？——神性の内にあるすべてのものは一つである。そして、このことについては何も言うべきことはない。神は用《はたら》きたもう、しかし、神性は用《はたら》かぬ。何もすべきことがないからである。神性の中に活動はない。何かしようとも決して思わない。神と神性は、活動と非活動との間ほど異なっている。私が神に身を寄せると、私の姿は消えるけれども、自分が光り輝く以上に自己を突き抜けることの方が、はるかに尊いできごとであろう。私だけがあらゆる被造物を彼らなりの感性の世界から連れ出して、私の心の中にひき入れ、私の内で一如にしてしまうのだ。私が存在の根底・奥底、神性の本源の中へ還ったら、この私に、どこから来たのかとか、どこへ行ってきたのか、などと訊くものは誰もいないであろう。私を見失ったものは誰もいないのだから。活動する神が去るだけの話である。(20)

〝純粋な(または絶対の)静けさとしての神の本体〟あるいは〝いかなる差別も入りこむ隙のない、沈黙した砂漠〟を、キリスト教徒はどのようなものと考えているのであろうか？　エックハルトが神性の観念を〝純粋なる無(*ein bloss niht*)〟として掲げる時、彼は仏教の空性(*śūnyatā*)の教えと完全に相応している。

神性の観念は、心理学を超えている。エックハルトは、その説教の中でしばしば、「魂の内にある創造されざる光」について言及し、「この光は、与えも受けもしない神的存在の、目立たず静止して動かぬ本質によって心満たされず、その本質がどこから来たのかを知りたがっている」と言う[21]。

この「どこ」とは、「父なる神・子なる神・聖霊」が、まだ違いをはっきりさせる前の場所のことである。この本源に接触し、それが何であるかを知る、換言すれば、〝私が生まれもしない時の私自身の顔を見る〟ためには、私は〝絶対の道の果てしなき空虚〟の中に跳びこまなくてはならぬ。

〝生まれる前の自己の顔を見る〟という表現は、中国禅宗の第六祖慧《え》能《のう》(七一三年歿)に帰せられる言葉で、これは、エックハルトがある権威者の言葉として引用している、「みずからの存在以前そうであったように、今もすべてを神に委ねた、心の清らかな人びとは幸いなるかな」(22)という、彼の発言に通ずるものがある。まだ、酒蔵に収まってあるワインを味わったことのない人びと(23)は、次のような問いを差し挟むかも知れぬ。「自分が生まれる前の心の清らかさなど、どうして語り得るだろうか？　それに生まれる前にもっていた自分の顔を見るなどということをどうして語ることができるだろうか？」と。エックハルトは聖アウグスチヌスの次のような言葉を引用する。

神の本質に参入すべき天国の扉が人のために開かれている。そこでは、あるものはみな無に帰してしまっている。(24)

〝知識をもちながら無知であり、愛しながら愛がなく、光と共にありながら暗い(25)〟状態にいる時、われわれは繰り返し、絶え間なく叩くことによって、天上の扉が開くのを待たねばならぬことは、明らかである。何ごともこの基礎的な体験から現れ出るのである。このことが会得された時、はじめて、われわれは神性がわれらの分別心をすっかり〝空っぽにして、無に帰せしめ(26)〟ている空の領域へ、真に入り得るのである。

五

絶対の〝道《タオ》〟とは何か？　〝絶対の道〟という禅の観念や、〝純粋の無〟の上に成立している神性に論を進めるに先立って、老子によって説かれた、それの道教的な観念に関して、ここで一言述べておく方がよかろう。老子は、哲学的な主題に関わる中国の古代思想家の一人であって、彼に帰せられる『道徳経』の主題が、〝道〟である。

〝道〟とは、字義通りには〝通路〟〝道路〟、あるいは〝通り道〟を意味しており、幾つかの意味においては、サンスクリット語のダルマ(法)に相当する。それは中国の思想史上、重要な言葉の一つである。道教はその名をこの言葉から受けており、孔子もこの言葉をいたるところで用いている。しかしながら、孔子にとっては、この言葉は形而上学的というよりは、むしろ道徳的意味合いをもっている。この言葉を〝真理〟〝究極の真理〟〝ロゴス〟の意味に用いるのは、道教の人たちである。老子は『道徳経』の中で、この言葉に次のような定義を与えている。

道とは満たされることを何ら必要とせず、しかも、そこからいくらでも内容を取り出せる空の器のようなものである。それは底がない。しかし、世界中のあらゆるものの始祖である……それは、決して干上がることのない深い淵《ふち》のようなもので、それが一体誰から生まれたのかは知らぬ。あたかも、神に先立つ存在ではないかとさえ思われる[27]。

『道徳経』の第一四章には〝道〟とはどういうものかに関する、もう一つのより詳しい解説が見られる。

道を見ようとしても見ることはできぬ。
そのため、道は相《すがた》なきものと称されるのだ。
道は耳を傾けても聴くことができぬ。
そのため、それは音声なしと言われる。
道は摑《つか》もうとしても捉えることができぬ。
故に、それは妙《たえ》なるものと言われる。
これら三者の限度は量り知れない。
それゆえ、それらは一に融合している。

道は上にあるも明るいわけではない。
それは下にあるも、漠然としたものではない。
道は無限の広がりをもっており、何ともかとも名づけようがない。
道は無に帰するのだ。
それは相なき相、形なき形と呼ばれ、
それは漠然としたものと称される。
それに面と向かっても、その面《おもて》を見ることはできぬ。
それについて行っても、その背を見ることはできぬ。
太古の道《タオ》にとり縋《すが》れば、今日の存在を支配する身となる。
かくして物事の初めの消息を知るのである。
これがすなわち道の本質(道紀)である。

これらの引用文をエックハルトと比較すると、両方に共通するのはどういうところであるかが分かる。老子は、ドイツの地方語でもって中世のドミニコ会の説教師が説いていたところのものを、古典の中国語で表現しているのである。老子の表現は詩的であり、かつ具体的で、比喩的表現に富んでいるが、神学者、エックハルトの方は、より概念的である。彼は言う。

「神には以前も以後もない」。
「神はこれでもあれでもない」。
「神は全く単純なるものである」。
「被造物に先立ち、永遠の今に住し、永遠の寂《しず》けさの中に在《まし》ます父なる神の御前で、私は遊んだ(28)」。

比較のため、私は『道徳経』(第二五章)から〝道〟のもう一つの定義を挙げよう。

渾然一体の内に何ものかがある。
それは天と地の生ずる以前に生まれた。
何たる寂《しず》けさ! 何たる孤独!
それは変化することなく自立し、
どこへでも確実に動き廻る。

それを天の下の（万物の）母と頂こう。
私はその名を知らぬ。
しかし、必要ならば大いなるものと呼べ。
大いなるものは歩み続ける、
歩み続けて涯《はて》まで到り、
そして引き返してくる。
故に道《タオ》は偉大である。
天も偉大、
地も偉大、
統治者も偉大である。
領内に四つの大いなるものあり、
統治者はそれらのうちの一つだ。
人は大地に順応する時、大地だ。
天に順応する時は天で、
道《タオ》に順応する時は道である。
人もこのように物ごとの自然《じねん》のあり方に相応するがよい。

R・B・ブレイクニーは、その『道徳経』の翻訳の序文の中で、老子のこの書に長年の間魅了され続けた挙げ句、すでにそれまでに、その本の夥《おびただ》しい数に上る翻訳があったにもかかわらず、自分自身の訳本を作ろうという思いを抑えきれなかったことを述べている。そして、彼は、いやしくも中国語を知っていて、原文で老子を読むことのできる外国人なら、誰でも、新たな翻訳者たるこの自分と同様な思いをもつのではなかろうか、と言っている。翻訳者のこういう発言ないし告白は、この上なく意義深いものがある。私見によれば、彼が老子に魅了されたのは、単にこの古《いにしえ》の哲人が〝神秘思想の文献〟の内容に一役買っているがためだけではなく、むしろその思想が表現されている言葉によるものであったに違いない。あるいは、こう言った方がよいかも知れぬ。中国の文献に接して、人が感ずる魅力は、思想や感情を伝達する役目を担《にな》っている、あの扱いにくい表意文字をしばしば視覚によって読みとることから由来するものなのだ、と。中国の書物をじっくりと読むには大字の木版本によるのが一番良い。

中国語には、表意文字の視覚への訴えかけのほかに、ある要素がある。それは他の言葉、ことにインド・ヨーロッパの諸言語の中では希《まれ》ではあるが、日常の概念化した伝達し得ないものを、より直接に具体的に表現してくれることである。例えば、『道徳経』

の第二〇章を原文で読み、それを手元にある翻訳の何《いず》れかと比較してみる。すると、翻訳というものは、どれもこれも、二千五百年も後代のわれわれが、深い満足をもって味わうことのできる、豊かな目ざましい感情に訴えかける風味を欠いているものだ、ということに気づくであろう。アーサー・ウェイレイは、偉大な中国学者で、中国人の生活のもっともすぐれた解釈者の一人である。彼の『老子』の英訳は、多くの意味において優れた労作であるには違いないが、自分が生まれ育った言葉の限界を超えられずにいる。

六

次の説話は歴史性をもっているものではないかも知れぬが、時として、事実をかなり冷遇して憚らぬ禅宗の人達の間に、広く行きわたっている話である。この話は、禅の師匠が〝空〟〝絶対無〟あるいは〝ここにあるもの・あそこにあるもの〟を超えたところに横たわり、また、〝後・先〟を言う以前に存する〝静寂なる砂漠〟といった問題を取り扱う方法を例示しているので、一考に値しよう。その話と批評は、十一世紀、宋の時代のある禅の語録から引かれたものである。この語録は、日本では盛んに研究されており、幾つかの説話は「公案」として用いられている。（公案とは、禅の修行者が解くよ

うに与えられる問題のことである）

菩提達磨《ぼだいだるま》は中国禅宗の第一祖とされるが、紀元六世紀に、インドから中国へやってきた。梁《りょう》の武帝は達磨《だるま》を宮廷に招いた。武帝は、善良で敬虔な仏教徒であり、種々の大乗経典を学び、仏教の布施・謙譲の徳を行《ぎょう》じていた皇帝である。彼は、インドからやって来られた師匠に、次のような問いを発した。

「いろいろな経典を見ますと、最高の、最も神聖な真理について、たくさん言及がなされていますが、老師、それは一体何でしょうか？」

菩提達磨は答えた。

「広々とした虚空で、その中には聖《とうと》さなど一かけらもない」。

武帝はさらに訊ねる。

「何にも聖《とうと》さなど存在しない、究極の真理の広々とした虚空の中には高貴なるものは何もない、と言われますが、では伺います。私の前にお立ちになっておられる貴師《あなた》さまは一体、何者なのでしょうか？」

達磨は答える。

「陛下よ、存じませぬ」。

武帝はこの答えの意味がさっぱり分からなかったので、達磨は、北の方に身を寄せる場所を求め、その場を立ち去った。

達磨が中国へやってきた明白な目的は、〝広々とした虚空〟（空性）の教えを説き示すためであったのに、彼は何故、武帝のきわめて重要な、単刀直入な問いに対して、〝識《し》らぬ〟などと答えたのであろうか？　達磨の答えは、究極の真理は知り得ないと信じている不可知論者の答えとは同じであるはずがないことは明らかである。達磨の〝識《し》らぬ〟は、それとは全く別種のものであるはずだ。それは正に、エックハルトがわれらすべてに身につけてほしいと望んだところのもので、〝知の不足がもたらす無知でなく、変革を経た智慧〟なのである。われわれがこの無知の自覚に到達できるのは、その智慧に依るのである。〝その時、われわれは神の智慧によって知るので、その際、われらの無知は高貴なものとなり、神通力によって荘厳されるのである〟(30)。達磨が、皇帝であった道友に気づいてもらいたかったのは、まさに超越的な天上の、そして、超自然的なこういった類《たぐい》の「不識」であったのだ。

われらの常識的な相対的見地からすると、菩提達磨の言動はあまりにもぶっきら棒で、とんと頂けないように思われよう。しかし、実際のところ〝忘却と無知の中に沈潜する〟ことによってのみ獲《え》られる智慧(31)、すなわち〝不識〟は、人の知識の体系においては全く唐突で、異質で、繋《つな》がりが絶たれた代物《しろもの》なのである。というのは、われらがそれに到達できるのは、ひとえに、絶対空の沈黙の峡谷に身を躍らせ、跳び込むことによってであるからである。この智慧と、五官や知性がはたらく相対世界でわれわれが珍重する知識との間には、何らの繋がりもない。

禅の師匠たちは、皆、ものを知らないで知っている人びとであり、知ある無知の人びとなのだ。それゆえ、彼らの言う〝不識〟は、本当はわれわれの言う〝知らない〟を意味するものではないのである。われらは、彼らの答えを、相対的知識の次元で普段受け取っているように解してはならぬ。したがって、次に引用する彼らの発言は、われらが日常従っている路線に沿ってはいない。彼らの独自性は次のようなものである。

圜悟《えんご》[克勤《こくごん》](一〇六三―一一三五年)は、菩提達磨と梁の武帝との間に交わされた問答に、次のような言葉で評価を下す。(32)

菩提達磨は南廻りでこの国にやってきた。それは、中国人の知的能力には、大乗仏教の教えにすぐさま反応する何ものかがあることを認めたからであった。彼は大いなる期待をもって、わが国の人びとを、文字や口で発する言葉によっては伝えられぬ〝唯心〟の教えに導こうとした。心が直接把握され得るならば、それによってわれわれは仏性を認得、すなわち、仏のさとりを得るのである。仏性が認得されると、われらはあらゆる束縛から完全に解放されて、言葉の錯綜の故に惑わされることはなくなるであろう。何となれば、ここにおいて一糸纏《まと》わぬ素っ裸のまま、実在自身が露わとなるからだ。このような心ぐみで達磨は武帝に接見したのである。彼はまた、このように弟子たちを教導したのだ。達磨(の空ぜられた心)には、何らの予定された方途も前提された計画もなかったことが分かる。彼はただ丸裸の、ものの本性を直に見抜くことを妨げるものはすべて一刀両断して、可能な限り最も自由に振舞っただけなのである。ここには善もなければ悪もなく、正誤もなく、損得もない……。

武帝は仏教思想をよく学んでおり、インドからやってきた偉大なる師によって第一義を説き明かして貰いたいと思ったのだ。その第一義とは、哲学者たちのどうしても超えることのできない、存在と非存在の自己同一性に帰着するのである。武帝はこの行き詰まりを、何とかして達磨なら打《う》ち毀《こわ》してくれるのではないか、と思ったのだろう。そこで出てきたのがこの問いであった。達磨は、とうの昔にどんな答えをしても相手を戸惑わせるばかりだということを百も承知していた。

「実在とは何か?　神性とは何か?」

「広々とした虚空のごときもので、(父なる神とか、子なる神とか、聖霊などという)区別など全くない」のだ。

しかしながら、すべての限界を利剣の一撃のもとに断ち切ってしまう術《すべ》を完璧に心得ていた菩提達磨自身の他には、その職務にどんなによく熟練した哲学者といえども、この陥《おと》し穴《あな》から跳び出ることは期待できないであろう。

今日の大多数の人びとは、菩提達磨の発言の究極の意義に参入し得ないでいて、あたかも、自身でこれを体験したかのように「広々とした虚空」と、単に叫ぶに留まっているのであろう。しかし、これは全くの無駄ごとである！　私の曽《かつ》ての師匠も言ったごとく、

「誰か真に達磨を理解し得た人があるとするならば、囲炉裏《いろり》の側《そば》に静かに端座して、はじめて我に返った人に違いない」。

残念なことに、武帝は、言葉の限界を超え出ることのできない連中の一人にすぎなかったのだ。彼の見解は、我と汝を距《へだ》てる横断幕を突き抜けることができなかった。そこで、彼の次の質問が発せられることになった。

「私に対面している人は何者か？」

達磨のぶっきら棒な答え、

「知らぬ」。

は、やんごとなき質問者をして茫然自失させるのみであった。

その後、彼が菩提達磨に関してさらに詳しい情報を得て、実在の神秘により深く参入する、希有な機会を逸してしまうとは何と愚かなことであったか、と覚った時、彼は大いに狼狽した。何年かの後、彼が達磨の訃報に接した時、彼は達磨のために石碑を建立し、そこに次のような銘文を刻み込んだ。

「噫《ああ》、私は彼を見、彼と会い、彼と面談した。しかし、彼の真価を見損ねてしまった。何と哀しいことか！　もう万事畢《おわ》った。噫《ああ》、歴史は取り戻すことはできぬのだ！」

そして、武帝は達磨の讃辞を次のように結んだ。

心が相対の次元にぐずぐずしている限りは、
永遠に暗闇の内に留まる。
しかし、心が空の中に自己を解消してしまうや否や、
さとりの玉座に昇るのだ。

武帝のことを語りおえた注釈者、圜悟は、次の一言を付け加えて言う。

「ところで、菩提達磨は一体どこで発見できるか言ってみたまえ」。

これは、明らかに読者に呼びかけたもので、この注釈者は、われらに向かって自分に答えてくれと要望しているのである。しからば、彼の挑戦を受けて立とうか？

この挿話にはもう一人の注釈者がいて、彼はさきに言及した人に何年か先立って生きていた人である。この人は雪竇《せっちょう》[重顕《じゅうけん》]（九八〇―一〇五二年）といって優れた文才の持ち主で、彼の注釈は詩的な幻想に満ちた詩句に籠められている。武帝と面会した後、揚子江を渡って北方のどこかに隠れ家を見出した菩提達磨を探しに使者を遣わそうとした武帝を暗に指して、雪竇は次のように述べている。

汝（武帝）がいかに臣下すべてを総動員して
彼（菩提達磨）を連れ戻そうとしても、
彼は決して二度と姿を現さぬであろう！
我らは永久に取り残されたのだ、
取り返しのつかぬ過去を悔やむのみ。
されど、止《や》めよ！　過去をふり返るな！
爽やかな涼風が大地の全面を吹きぬける、
働きを熄《や》める時などさらさら意に介せずに。

雪竇（筆頭注釈者）は、そこで首を巡らし、（注釈の詩句を口ずさみながら）聴衆を一渡り見廻して訊ねる。

「諸君、祖師を今この瞬間、われらのまっただ中で発見できるのではないかな？」と。[33]

この一語を差し挟んだ後、雪竇は続けて言う。

「そうじゃそうじゃ、祖師はここに居られる！　祖師よ、走り来たってわしの脚を洗って下され！」

これは十一世紀前半の中華（中国）においてのことであるが、この説法の場に、もし、エックハルトがたまたま居合わせていたならば、それはきわめて痛快なできごとであったに違いない！　しかしまた、この最も近代的な、最も機械化されたニューヨークの市中で、このことを綴っている私を、エックハルトがじっと見ているわけはない、と一体誰が言えよう。

七

「空」に関して、さらにいくらか述べてみたい。相対性は現実の一面で、[34] 現実自体ではない。相対性は、二つないしは二つ以上のものの間で、成り立つ概念である。というのは、これは一つのものを他のものと関係づける様式であるからだ。

　同様のことは動きに関しても言える。動きは時間の内において成り立つ。時という観念なくしては、いかなる動きもあり得ない。何故ならば、動きは、ものが自己から出て自己でない何か別のものになることを意味するからだ。時という背景なしには、こういう生成は考えられぬ。

　それゆえ、仏教哲学によれば、動きとか相対性といった類《たぐい》の概念は、活動する場を持たねばならぬし、この場を仏教哲学者たちは空(*śūnyatā*)と言い表すのである。

　仏陀が、すべての事物は移ろいやすく、常住性がなく、たえず変化していると説き、したがって、この世にはこれこそ最終の安住の場所だとして、頼りきり、しがみつくに値するものは何一つ存在しない、と語る時、その意味するところは、われわれは変化しないもの(常)、幸せを与えてくれるもの(楽)、自律的なるもの(我)、そして、心の穢《けが》れから完全に自由な状態(浄)は、この世以外のどこかに求めねばならぬということなのである。大乗経典中の『涅槃経』によれば、常・楽・我・浄のこれら四項目は涅槃のもつ特質であって、涅槃は、われわれが智慧を得た時、心が渇愛《かつあい》(*taṇhā*)や貪り(*āsava*)、条件づけられたあり方(*saṅkhārā*)から自由になると達成できるという。涅槃は、しばしば一種の消極主義的な考えのように思われているが、大乗教徒たちは全く異なった解し方をしている。というのは、彼らは涅槃の特性(*guṇa*)の一つ、「自律性」(我・アートマン)を含めているからである。自律性とは自由意志であり、それは活き活きとしたものを意味する。涅槃とは空の別の呼び名なのである。

「空」という言葉は誤解され易いが、それはさまざまな理由による。

野兎・兎には角がないし、亀には尻に生える毛などはない。これも一種の空である。

仏教の空性(*śūnyatā*)は不在を意味するものでない。

火は今まで燃え続けてきたかと思うと、次の瞬間にはもう無いことがある。これは、もう一つ別種の空である。

仏教の空性(*śūnyatā*)は絶滅を意味するものではない。

壁は部屋に仕切りをつける。こちら側にはテーブルがあり、あちら側には何もない。空間を塞《ふさ》ぐものはない。

仏教の空性(*śūnyatā*)は空《あ》きを意味するものでもない。

不在・絶滅・空き——これらは仏教でいう〝空〟の概念ではない。仏教の〝空〟は、相対的次元の話ではない。それは主観・客観、生・死、神・世界、有・無、イエス・ノー、肯定・否定など、あらゆる形の関係を超越した絶対空である。仏教の空性の中には時間も、空間も、生成も、ものの実体性もすべてない。それはこれらすべてのものを可能ならしめるものである。それは無限の可能性に満たされた零《ゼロ》であり、また、無尽蔵の内容をもつ空虚である。

純粋経験は、自らに映った自己を見る心であり、自己と一体化する行為であり、ありのままの状態をさす。これは心が空自体である時にのみ可能なことである。つまり、心が自身以外のありとあらゆる内容を欠いている時のことだ。しかし、〝自身以外〟というとまた再び誤解されがちだ。というのは、この〝それ自身〟とは、一体何かという疑問も起こるであろうから……。これに対し、われらは聖アウグスチヌスの答えたように答えねばならぬであろう。すなわち、

「あらためて訊かれると、「知らぬ」というより他ないが、訊かれもしない時は知っているのだ」と。

次の対話は、唐代の二人の禅僧の間で交わされたものである。それは、〝それ自身〟という思想を伝達するのに、禅ではどのような方法論を用いたかを、われらに知らせてくれる一助ともなろう。

潙山《いさん》[霊祐《れいゆう》](七七一―八五三年)という老師が、弟子たちと一緒に庭で茶の葉を摘《つ》む作務《さむ》をしていた。彼は庭にいた弟子の一人で、仰山《ぎょうさん》[慧寂《えじゃく》](八〇七―八八三年)という師家《しけ》に言

った。

「皆で一日中、茶摘みをしてきたが、君の声だけは聞こえる。しかし、君の姿が見えぬ。君のもともとの姿を見せてくれ」。

仰山は、茶畑の藪をガサガサと揺すぶった。潙山が言った。

「君は行為だけはあっても、身体がないじゃないか」。

すると、仰山が言った。

「師匠でしたらどうお答えになりますか？」

しばらく、彼は物を言わなかった。そこで、仰山は言った。

「身体はお持ちのようですが、行為が欠けています」。

潙山の下した結論はこうだ。

「二十回痛棒を喰らわせることを免除してつかわそう」。

禅思想に関する限り、これはこれでよかったかも知れぬ。この二人の老師は互いに相手が何を示そうとしているかよく心得ていたからだ。しかし、近頃の思想家たちは、これら老師たちが倚《よ》って立っているところの、能力の限りを尽くして闡明《せんめい》しようと努めているところの体験の背景を、知ったり探求したりすることに拘《かか》ずらわっている。老師らは何も傍観者どもを単に煙に巻くことだけに終始しているわけではない。

〝空〟といえば、すでに自己否定を意味している。しかし、沈黙したままでいるわけには行かぬ。問題の核心は、そこから逸脱することなしに、いかにしてその沈黙の真意を伝達するかである。禅ができるだけ言語表現に訴えることを避け、いわば、そこに何があるかを掘り出そうとして、われらをして言葉の奥底に参入せしめんと努めるのはこのためなのである。エックハルトは、この仕事を説教の中で絶えず行っている。彼は聖書の中から無心に発せられた言葉を幾つか拾い上げて、自分の意識せざる意識の内で、体験している〝内なるはたらき〟を顕わにさせるのである。彼の思想は、決して言葉の中にあるのではない。彼は、言葉というものを自らのさまざまな目的のための用具に変えてしまうのだ。同様に禅の老師は、自分自身、樹木、石、棒など、身近にあるあらゆる物を活用して憚《はばか》らぬ。それから、彼は、叫び、打ちのめし、あるいは足でけったりもするのである。肝腎《かんじん》なのは、すべてのそういう行為の裏に、何が隠されているのかを発見することである。真の実在が〝空〟に他ならぬことを証明するために、禅の老師は胸の上で腕組みをしてじっと立ったままでいることもあるかも知れぬ。さらに問われた場合、お茶の木を揺すったり、黙って立ち去ったり、あるいは、杖で君に一撃を加えることもあろう。

時には師匠はむしろ詩的表現に訴え、〝空〟の心を月に喩《たと》えて、それを心月、あるいは、真如の月と呼んだりすることもあろう。古《いにしえ》の禅僧は、禅の心をこの月になぞらえて次のように言っている。

心の月は孤絶して欠けるところがない
その光は万象を呑《の》みつくしている
光が物体を照らし出すのでもなく
物体が存するというのでもない
光も物体も消え失せてしまったとすると
残されたものは一体何であろうか？

作者の禅僧は、その問いに答えぬままだ。もし、答えを出したら、月はもはや存在しないであろう。実在が分別《ふんべつ》されるや、空は無の中に消え去ってしまう。原初の月、本源の心月を見失ってはなるまい。禅の師家は、われらがこの月に戻ってほしいのだ。そここそ、われらが初めに出発した処であるから……。空は、空っぽのことではない。それは、無限の光を包み、この世のあらゆる多様性を呑み込んでいるのだ。
仏教哲学は、〝空〟の哲学である。それは自己同一の哲学である。自己同一は、単なる同一性と区別されねばならない。単なる同一性においては、同一視されるべき二つのものがある。しかるに、自己同一性においては、一つの対象、あるいは一つの主体あるのみで、一つっきりしかないのである。そして、この一なるものが、自己を出ることによって、自己同一であることを証するのである。このように自己同一は動きを孕《はら》んだものだ。このことに頷《うなず》けば、自己同一とは、自らの中に映じた自己を見るために、自己を離れる心であることが分かる。自己同一性は純粋経験、すなわち、〝空〟の論理である。自己同一においては、何らの矛盾というものもない。仏教徒はこれを〝ありのまま〟と呼ぶ。

私はかつて、美術愛好家グループの人たちと、仏教の教えが美術とどう係わっているのかを示そうとして、仏教の〝空〟の教義と〝ありのまま〟について語ったことがある。その時の拙話の一端を以下に記そう。

実を言えば、私は別に芸術的な感覚の持ち主でもなければ、その方面の教育を受けた者でもなく、また、すぐれた芸術作品を数多く鑑賞する機会をも持たなかったため、芸術に関して語る資格など全く持たぬ者である。もし、言えることがあるとすれば、せいぜい頭の中で考えたことぐらいであろう。

絵画の場合を取り上げてみよう。中国や日本の美術評論家が、東洋の芸術の真価は形ではなく魂(*spirit*)を描くことに尽きる、と力説するのをしばしば耳にする。その意味するところは、魂が理解される時、形は自ら形成されるというのである。つまり大事なことは、画家が主題として選んだ対象の魂に入りこむことだというのである。他方、西洋は形を強調し、形を通じて、魂に到達しようとする。東洋はその反対で、魂こそがすべてで、全体を尽くすものなのだ。東洋の考え方というのは、芸術家が魂を把握すると、その作品が色や線が伝えるもの以上の何ものかを表し出すのだ。真の芸術家は、一人の創造主であり、模倣家ではない。彼は神の創作現場を訪れて、創造、つまり、無から何ものかを創造する秘訣を習得したのだ。

そのような画家にあっては、筆の一筆ごとの動きが、創造の仕事となっており、それは決して反復が許されないので、画《か》き直《なお》しはできぬ。神は命令を撤回することはできぬ。それは最終的なもので、撤回できず、それは最後通告なのだ。画家も自らの作品を再び生産することはできぬ。たった一度の筆遣《ふでづか》いも絶対的であるというならば、一筆でも全体に向けられたものであり、そのすべての筆遣いの綜合されたものがその作品であるからして、全体の構造や構成を、どうして再び生産することができ得るだろうか？

同様に人生のどの一齣《ひとこま》たりとも、それが内面の自己の表現である限りは、独創的なもの、神性を帯びたもの、創造的なものであって、決して取り返しのつくものではない。かくして、個人の生活というものはどれも、偉大な芸術作品なのである。人が自己の生活をすばらしい比類のない傑作とするかしないかは、自己の内奥における空性の働きを意識しているか否かにかかっているのだ。

京都の大徳寺に、今、国宝として所蔵されている十三世紀の牧谿《もっけい》の芙蓉のような絵を画きたいと思う画家がいるならば、彼は、いかにしてその植物の魂の内に入りこんだらよいのだろうか？　その秘訣は、その植物そのものに成りきることだ。しかし、人間がどのようにすれば、自ら、ある植物に成りきることができるのだろうか？　画家がある植物なり動物なりを画こうと志す限り、彼の内には何らかの縁を通じて、対象と響き合う何かが存在するに違いない。もしそうであるとするならば、その画家は、自分が描きたいと思うものになりきってしまうことができるはずである。

その修行は、主観的な、自己中心的な内容から完全に浄化された自分の心をもって、その植物を内側から探求することに帰着する。それは心を〝空〟、すなわち、ありのままに相応させておくことで、これによって対象と対立している人が、その対象の外にいる存在であることを止めて、その対象そのものになりきってしまうのである。この一つになりきることこそ、画家に、我と植物とを等しく活かしている同一の生命《いのち》の鼓動を感じさせてくれるのである。主体が客体の中に消え去ってしまうとよく言われるのは、正にこのことである。そしてまた、画家が作業を始める時に、はたらいているのは画家ではなく、対象そのものであるということや、彼の手にしている画筆も腕や指と同様、対象の魂の従順な下僕《しもべ》となるのは正にそういう時のことなのだ。対象が自らの絵を画くのだ。魂が自己に映った己れを見るのだ。このことは自己同一の場合も同様である。

アンリ・マティスは画こうと思う対象を、何週間も、何ヶ月も、その魂が自分に表現を与えてくれと己れに働きかけ、催促し、脅迫さえするようになるまで、じっと見つめていたという。

またこんなことも耳にする。現代芸術に関する本のある著者は、次のようなことを言っているという。すなわち、芸術家の心得ている直線は、数学者にとっての直線とは異なったものである。つまり、芸術家の想う直線は、曲線と渾然一体となった直線なのだ、と。この引用が、はたして正しいかどうかは分からぬが、こんな発言に接すると、パッと目の覚める思いがする。何故かというと、いつもまっすぐなままの直線は死んだ線で、それ以外の何ものでもありえないような曲線などという代物も、やはり死んだ線であるからである。それらがいやしくも活きた線であるならば、そして、どんな芸術作品の場合もそうあるべきものだが、直線とは曲がった線のことであり、曲線とはまっすぐな線のことなのだ。しかも、どの線にも〝次元の緊張状態〟として知られているものがなければならない。活きている線というものはどれも単に一つの次元にあるものではなく、それは血の通ったものなのだ。すなわち、三つの次元に亘《わた》っているものなのである。

またこういうことも聞き及んでいる。色彩というものは芸術家にとって、単に赤や青ではなくて、それは見た目以上のもの、感情の籠《こ》もったものなのである。これは、つまり、芸術家にとって色彩は活きているものだということを意味する。彼が赤を見ると、その色は自分なりの世界をつくり出す。つまり、芸術家は色に心情を賦与するのだ。赤色は単に、プリズムを通って分析された七色のうちの一つであるに留まるものではない。活きているものとして、その色は、他のすべての色に呼びかけて、内心の促しに従ってそれらを束ねるのである。芸術家にとり、赤は単なる物理的・心理的なできごとではなく、魂を賦与されたものなのである。

このような物の見方は著《いちじる》しく東洋的である。それからもう一つ、ある西洋の芸術家による驚くべき発言がある。彼によると、どのようなものであれ、ある視覚の対象にすっかり心を奪われている時、目に映った形に、何らかの表現を与えてくれとせがむ、視覚表現の幾つかの可能性を心の内に感ずるという。芸術家の生活というものは創造主のそれである。神は単に何かを造り出さんがために世界を創造されたのではない。神はある種の内面的な促しを感じて、自分の創ったものの中にわが身が映っているのをみたいと思われたのだ。聖書の中で、神が自分の似姿に従って人を創られたことを語っているのは、まさにこのことを意味しているのである。神の似姿であるのは人だけではない。世界全体が神の姿であり、エックハルトも語っていたように、もっとも卑小な蚤でさえも、ありのままの姿の中に神の本来性を分けもっているのである。またこのありのままのあり方故に、世界全体が動き続けているのである。芸術家もまた同様である。芸術作品が、作者の魂で活き活きしているのは、彼のありのままの心がその作品の中に吹き込まれているからに他ならない。作者自身はこういったいきさつの一部始終を意識してはいないかも知れぬが、禅は知っており、しかるべき心構えでその心境に近づこうとする人びとには、その知識をいつでも伝える用意をも、もち合わせているのだ。あるもののありのままのあり方は、単にただそのようにあるというに留まらず、その中に、仏教徒なら中国語で徳《テー》と呼び、日本語では徳《とく》と称し、サンスクリット語ではグナ(*guṇa*)と呼んでいる、無限の可能性を含んでいるのである。これこそ〝存在の神秘〟のありかであり、となりもなおさず、〝空の尽きるということのない特質〟なのだ。

禅の教えがいかにして人の人生観を変革し、人にものごとのありのままのすがたを真に洞察せしめるかを示すために、九世紀中国に生きた羅漢《らかん》和尚にまつわる次の話を、引用してみよう。次の詩偈《しげ》は羅漢が自分自身の体験を語ったものである。

咸通八*(八六七)年
余は初めて道《タオ》(すなわち禅)の研究にとりかかれり
赴く先々で言葉に出遭うも意を解せざりき
心中に蟠《わだかま》る疑いの固まりは柳行李《やなぎごうり》のごとし
三年《みとせ》の間、叢林の中なる小川の辺に住まい、心満たされざること甚だし
座蒲《ざふ》の上に坐せる法王(禅の老師)に遇々《たまたま》出会いし時
進み出てわが疑念の解決を切に求む
老師深く三昧に入れる敷物より身を起こし
次いで片腕を露わにし、わが胸に拳骨にて一撃を与う
これにより、突如、余の懐ける疑いの固まりは雲散霧消せり
頭を挙げるや、余、初めて太陽の円かなるの認識を得たり
爾来、余、懼《おそ》れなく、煩いなく、天下第一の幸運児となれり
日々、余、活発この上なき時を過ごす

内心省みるに充実と満足の気溢るるのみ
もはや鉢を手に食を求め、ここかしこに馳走することなし(35)

この羅漢和尚の偈による述懐のもっとも興味を惹《ひ》かれるところは、〝彼が初めて太陽が円いことを認識し得た〟ことである。誰でも太陽に馴染《なじ》みがあり、和尚もまた、生涯を通じて見ていたに違いない。では何故、彼は、とりたてて太陽が円いと、あたかも初めて実際に見たかのようにあげつらうのであろうか？　誰でもみな、実際に食べたり、寝たり、歩いたり、喋ったりしているので、自分は生きていると思っているが、本当にそうであろうか？　もしそうであるならば、〝恐怖〟〝不安〟〝懼れ〟〝欲求不満〟〝生きようとする勇気〟〝空洞をのぞきこむ〟〝死に直面する〟などといったことを一切口にすることはないであろう。

Ⅱ　仏教哲学の基盤

一

仏教の哲学は、二千五百年前、仏陀の身に起こった宗教体験に基づいている。それ故、仏教哲学がどのようなものであるかを理解するには、仏陀が六年にわたる熟慮、苦行、瞑想の実践のあげく、体験したことは何であったかを知る必要がある。普通、われわれは、哲学とは純粋な知性の問題で、それ故、最もすぐれた哲学は、活発な知的活動と緻密な分析能力とに、豊かに恵まれている心に由来するものと考えている。しかし、仏教哲学の場合は全く違う。確かに、知的能力にあまり恵まれていない人たちが立派な哲学者に成れぬことは確かであるが、知性がすべてではない。逞《たくま》しい想像力がなければならぬし、強靭《きょうじん》にして融通《ゆうずう》性に富《と》んだ意志もなければならぬ。また、人間性への鋭い洞察力がなければならず、そして、最終的には人間自身のあり方全体に綜合されている真実を見透《みとお》す眼がなければならない。

私は、この〝見透す〟ということの重要性を殊に重視すべきだと思うのである。何故なら、普通、理解されている〝知る〟という言葉の意味だけでは、尽くせないものがあるからである。自らの体験の伴わぬ知識は、浅薄の識《そし》りを免れない。そんなグラグラな基礎の上に、いかなる哲学も築かれるものではない。しかしながら、実体験の裏付けのない思想体系は数々あるであろう。が、そんなものは深い感動を与えてはくれぬ。見かけは良くても、読者を感動させる力は全くない。哲学者がどんな知識を持ち合わせていようとも、それは自己の体験から出てきたものでなければならぬ。この体験が〝見透す〟ということなのだ。仏陀は常にこのことを強調してやまなかった。彼は、知ること（*ñāna, jñāna*）と見ること（*passa, paśya*）との密接な関連を説く。それは何故かといえば、〝見透す〟ことがなければ、その〝知る〟は深さに欠け、人生の真実の諸相を理解できぬからである。それ故、八正道《はっしょうどう》の第一項目は正見（*sammādassana*）、すなわち、正しく見ることであり、正思（*sammāsankappa*）、つまり、正しく〝知ること〟が次に来る。〝見る〟ことは体験すること、物事をありのままのすがた（*tathatā*）において見ることである。仏陀の説いた哲学全体は、挙げてこの〝見透すこと〟、この体験を源としているのである。

仏教哲学の基盤を形成しているのは〝さとりの体験〟と呼ばれる。何故かというと、仏陀が六年にわたる厳しい思索と深い内省のあげくに達成したものは、まさにこのさとりの体験に他ならなかったからである。そして、それ以降の彼の教えのすべては、その時、開示された内心洞察の展開なのである。

では、このさとりの体験とは何であったのだろうか?

二

大ざっぱに言って、仏陀の体験したさとりとは何か? という、この問いに近づくについて、二通りの方法がある。一つは対象的な方法。もう一つは主体的な方法である。対象的な方法とは、この体験の後の仏陀に帰せられ、教えの基盤を成していると信じられている、最初期の、合理的に組み立てられた発言を見つけ出すことにある。つまり、彼が初めに何を説いたかということ、換言すれば、彼が生涯を通じて説き続けた主なテーマは何であったか、ということの探求である。これは、他のインドの思想家たちの教えとは区別された、仏陀の教えの特色をなすものは何か、を発見することであろう。主体的、という第二の方法は、成道《じょうどう》直後の、仏陀の直接の感情を反映している発言を吟味することにある。はじめの方は形而上学的であるのに対して、後の方は心理学的あるいは実存的な方法である。ではまず、第一の方法から見てみよう。

さまざまな解釈は度外視するとして、仏教思想として広く承認されているのは、無我（*anattā* または *anātman*）の教義、すなわち、我の実体は無いという教えである。その説明は次のような思想から始められる。（1）すべての事物は構成されたもの（*skandha* あるいは *khandha*）なるが故に無常である。そして絶えず解体しつつある。何一つ常住なるものはない。また、（2）それ故、この世には何一つとして執するに値するものは存在しない。そこではわれらの誰もが、さまざまな悲しみや苦しみを経験させられている。どうしてそれらの苦境から抜け出せばよいのか？　また、どのようにしてそれらを克服したらよいのか？　というのは、いつまでもこのようなままでいるわけにはいかぬからだ。何とかしてこの苦痛から逃れる道を見つけなくてはならぬ。仏陀をして自らのためのみならず、全世界の人びとのために出家して遊行し、六年もの間、活路を求めさせたものは、実に個人も、一般の人びとも等しく懐くこの怖れと不安の感情に他ならなかった。

彼は無我（*anattā*）という考えに思い当たって、遂にそれを見出したのである。その定式は次のごとくである。(1)

すべての構成されたもの（*saṅkhārā*）は常に移り変わる。
人が智慧（*paññā*）により（このことを）自覚する時、
悲しみ（のこの世）が気にかかることはない。
これが心を清める道である。

すべての構成されたものは苦である。
人が智慧により（このことを）自覚する時、
悲しみ（のこの世）が気にかかることはない。
これが心を清める道である。

ものみなすべて（*dhammā*）に実体はない。
人が智慧により（このことを）自覚する時、
悲しみ（のこの世）が気にかかることはない。
これが心を清める道である。

ここで一つ読者に注意してほしいと思うのは、〝智慧〟(*paññā* またはサンスクリット語の *prajñā*)である。これは仏教哲学全般を通じて大変重要な言葉である。これに相当する英語の同義語はない。〝超越的智慧〟——これではあまりにも重苦しい。のみならず的を射ていない。しかし仮に〝wisdom〟としておこう。仏教では〝見透《みとお》すこと〟が大いに強調されることは周知のことであるけれども、〝見透すこと〟は、単に相対知を通じての日常の〝見る〟ことではないことも見逃してはならぬ。それは般若《はんにゃ》の眼による〝見透す〟ことであって、われらをして実在の基盤の内にまで、じかに透過せしめる一種特別の直覚なのである。著者はここ以外の場所で[2]、いささか仏教教義、わけても禅の教えの中における般若の智慧とその役割の詳細な解説を行ったことがある。

無我の教義は実体的自我という考えを斥《しりぞ》けるのみならず、自我の観念そのものが把握し難いことを指摘している。われらがこの個々の存在をもって構成されているこの世界に留まっている限り、個体の自我という観念を懐くことは避けられぬ。しかし、このことは決して自我の実体性を許容することを意味するものではない。近代の心理学は実体としての自我を実際に追放してしまった。それは現実的な仕事を営むため、運用するのに便利な仮説にすぎない。自我の問題は形而上学の分野に齎《もたら》されねばならない。自我(*ātman*)なるものは存在しないという仏陀の発言の意味するところを真に理解せんがためには、心理学と袂《たもと》を分かたねばならぬ。何故かというと、もし、われらが真に苦悩の終局に到達し、自身及び全世界と和解するに至ることを実現しようと願うならば、自我《アートマン》というものなどは存在しないと単に口にするだけでは十分ではないからである。港に入って錨を下ろし、ホッと安らぐ身分となるためには何か積極的なものを持たねばならぬ。単なる心理学的知識はこの安心をわれらに与えてはくれぬ。われらはむしろ般若的洞察の活動し得る、より広大な実在の舞台に出て行かなくてはならぬ。

五官や知性の支配する領域を彷徨《さまよ》っている限り、個人的自我の観念がわれらを悩まし、自我の影を永遠に追い求めるようにし向けてしまう。しかし、自我というものは常に把握し難いもので、把《とら》えたかと思うと、真の自己はどこか他所《よそ》にあって、把えたものは、蛇の脱ぎ捨てた皮にも及ばぬ代物であることが判明する。人間の自我という名の蛇は、夥《おびただ》しい薄皮に覆われており、把えたと思った人間は、やがてすっかりへとへとになってしまうのがおちだ。自我は外側からではなく、内側から捕捉せねばならぬ。これが般若の智慧のはたらきなのだ。般若の智慧の演ずる驚異的なわざは何かといえば、役を演じている最中の役者を把えることであって、その場合の役者は役者として見られるために演ずることを止めなくともよい。その時、役者が演技で、演技が役者なのだ。そしてこの同一化、つまり、同一視から般若の智慧が目醒まされるのである。自己は自らを見るために自己の外に出るを要しない。彼は自己の内に留まり、自己に映った自己を見るのである。しかし、演技者としての自己と、見るもの、すなわち、観客としての自己の分裂が起こるや否や、般若の智慧は二分され、すべて水泡に帰してしまう。

エックハルトは同様の体験をキリスト教神学の言葉で言い表している。彼は父なる神、子なる神、聖霊、そして愛を語る。これらの項目は、仏教徒の耳には馴染みの薄い響きしかもたぬものの、ある程度の洞察力をもって読みとると、〝神が自らを愛したもう愛〟は、自我自体を見透す般若の直覚と同じものであることが判るであろう。エックハルトは次のように言う。

> われらに愛を与えたもうのに神は聖霊を与えたもうた。それ故、神が自らを愛したもう愛をもって、われらは神を愛し得るのだ。われらは神ご自身の愛をもって神を愛するのだ。このことに気付いたものは、それだけ神の色に染められるのだ。(3)

子なる神を愛する父なる神、父なる神を愛する子なる神――この相互の愛、つまり、自らを愛する愛は、禅の言葉で表現すれば、中間に影が全くない二つの鏡がある場合、他方を映している一方の鏡のごときものである。エックハルトはこのことを〝父なる神の本性の中で進行中の演技であって、演技と観客は同一である〃と称している。彼は続けて言う。

この演技は大自然の万物に先立って永遠に演じられた。『智慧の書』にこう述べられている。

「被造物に先立ち、永遠の今において、永遠の静寂の中に父なる神の御前で私は演じた」と。

子なる神は、ちょうど父なる神が子なる神の前で演ぜられたごとく、父なる神の御前で永遠に演技を行ってきたのである。両者の演技とは遊び戯れている両者を抱え込んでいる聖霊と、聖霊自身が両者の内で遊び戯れているさまの双方を意味している。遊びと演技者とは同一なのである。それ自体の内に両者の本性が発生するのだ。聖ディオニシウスも言っているように、「神とは自らの内に流入する泉なのである」。

般若の直覚は自ずから発現し、自らの内へ帰る。われらの合理的思考に依る検討を絶えず免れてきた自己、あるいは自我は、自己自身に他ならぬ般若的直覚の下にさらされるや、遂に捕獲されるにいたる。

仏教徒は日ごろすべての物に実体がない（*anattā* または *anātmya*）ことを語るが、万物が般若の直覚の眼によって見透されぬ限り、その実体のないことは本当には理解されないものだということを忘れている。自我の実体性を心理学的に抹殺してみても十分ではない。何故かといえば、このことはまだ、般若の眼の光には覆いを被せたままにしているからだ。エックハルトは言う。

「神は深い静けさの中で自らを照らしている光だ」と。（エヴァンス訳、一四六頁）

われらの持ち合わせの知的分析を事とする眼が、対象を二分することによって実在の影を躍起になって追い求めている限り、般若の智慧が自身に映じている自己を見ている、絶対一如の深い静けさなどは存在しないであろう。エックハルトが続けて言う次の言葉は、仏教の体験と一致している。

父なる神の言葉は彼の自己理解に他ならない。父なる神の理解していることは何かと言えば、自分が理解していることが分かっていることを指し、自分の理解が分かっているということは、父なる神が理解の根本主体であるということに他ならぬ。つまり、光から由来する光なのだ。（同書、一四六頁）

心理学的自我の無我をさらに超えて、より深く行くことのできぬ心理学的な分析は、万物(*dharma*)の無我を見透し得ない。万物の無我であることは、般若的直覚の眼には、全く積極的価値を欠いた代物《しろもの》としてではなく、無限の可能性に満たされたものと映る。智慧の眼が万物の本性を観察する時、はじめてそれらに実体のないことが積極的・建設的なエネルギーを発現する。すなわち、それはまず迷いの暗雲を追い散らし、次いで、迷妄が作りだすすべての構築物を打ち毀し、最後に、智慧・慈悲に基づく全く新しい価値観の世界を創造することによってである。よって、さとりの体験というものは、心理学の世界を超え、般若の智慧の眼を開き、そして、究極の実在の領域を洞察し、輪廻の流れの彼岸に着地することを意味している。その到達する世界においては、すべてのものがありのままに、汚れのない在り方で眺望できるのである(4)。この時こそ、人はわが心が、すべてのものから解放され(*sabbattha vimuttamānasa*)てあることに気づくのだ。このとき彼は、生死や無常や未来・過去・現在といった思いに少しも振り廻されることがない。彼は〝征服者〟になったので、このような人に『法句経』(第一七九偈)は次のような資格を賦与している。

彼の為し遂げた征服は何人も再び
為し遂げることができぬ。
その征服の内奥にはこの世の誰も
入りこむことはできぬ――
どんな道筋を通じて、君は、その目覚めた、無限の広がりに住する足跡なき人を
追跡することができようか？

このように目覚めた人は相対を絶する征服者であって、何らの足跡を遺さぬため、誰もその足跡を追うことはできぬ。何らかの足がかりが遺っているなら、それは彼自身を滅ぼす手段へと転化してしまうだろう。彼の住している領域には際限はなく、それはあたかも、円周が無限である円のようなものである。それ故、道をつけられるような中心もない。このような姿が、禅では無功用行《むくゆうぎょう》(*anābhogacaryā*)(はからいのない、目的意識を離れた、無用の人)として描かれている人間像である。(5) これは、〝何ものにも執しないし、その人を何ものも執することのない人〟(エヴァンス訳、一四六頁)と定義されるエックハルトの自由人に相当する。こういったようなことを言うと、ただ何もしない主義を教えて示唆しているように受けとられがちである。けれども、仏教徒は後に述べるよ

うな大悲心(*karuṇā*)と本願(*praṇidhāna*)の教えとして知られているものの立派な信奉者たちであることを銘記すべきである。

三

〝智慧(*prajñā*)によって見透《みとお》された万物の実体なきあり方(6)〟が、われらに悲哀と苦悩を乗り越えさせ、〝汚れなきさとり〟へと導いてくれることが、ここに示されているような意味で理解できた時、〝勝利の讃歌〟として知られる一節の意義を会得する道が見つかったことになる。

この讃歌は、古来、さとりを開いた時、仏陀が発言したものとされている。それは今日のわれらがさとりの中味を吟味するのに大いに役立つ、どちらかといえば仏陀の体験の主観的な側面を表している。万物に実体がないということは、仏陀がさとりの体験に反省を加えた上での形而上学的解釈であるのに対し、勝利の讃歌は、彼の直に示した反応の響きを帯びている。そして、この後者によった方が、後世現れる概念化された表現を通してよりは、一層直接にわれらに仏陀の心境の内面を窺《うかが》わせてくれるのである。ここでようやく、私が(仏陀が体験したさとりへの)第二の近づき方と呼んだところへ移ることとなる。その讃歌は次のごとくである。

この仮小屋の造り主を求め歩く時
いくたびかの生を経巡っても
私の努力は無駄ごとに終わってしまった。
そこでくり返し受ける生の何と退屈至極なことか。
されど今や仮小屋の造り主たる汝は突きとめられたのだ。
汝は二度と再びこの仮小屋を建てぬであろう。
屋根を支える垂木も皆毀《こわ》れてしまった。
棟木も打ち砕かれてしまった。
永遠に近づきつつある心は
あらゆる欲望の終滅を達成したのだ。(7)

これはアーヴィング・バビットの翻訳で、各行はパーリ原典に従って並べ直した。ついでながら、その中の一点だけ、私の見解に照らして不満なところがある。それは、〝永遠に近づきつつある〟という一節であるが、原文は〝*visankhāragatam cittam*〟で、これは〝自己を縛る諸条件から解放された心〟を意味する。〝永遠に近づきつつある〟は、訳者自身の思いを原文の中に読みこんだものである。『訳書の中の仏教』(*Buddhism in Translations*)の著者ヘンリー・ウォレンは、それを〝崩壊に至った心〟と訳しているが、これでは、ニヒリズムか消極主義を指向することになる。これに反して、バビットの訳はどちらかと言えば、積極的肯定の意を帯びているように思われる。これら両者の訳の相違の著しいことが一体何を意味しているかと言うと、銘々が己の哲学に従って意味の解釈を行っているということである。この点に関しては、以下に示す私の理解もまた仏教教義一般に関する私自身の思想を反映していると言うことになろうか。

　ここで最も肝腎《かんじん》なことは、仏陀が長年にわたって捉われていた束縛から解放されたという実体験である。さとりの瞬間に仏陀の心を満たした究極の意識は、彼がもはや、彼の言う〝仮小屋の造り主〟あるいは〝この家の造り手〟、つまり、*gahakāraka* の奴隷ではないということである。今や、彼は自由に行動するもの、外部の何ものにも従属しない自己の主になったということを実感している。彼はもはや、その源はどこからであろうとも、いかなる指図にも従わぬ身となったということなのである。〝仮小屋の造り主〟が発覚したというが、それは何者かといえば、自己のすべての心・身の活動の背後にあると考えられていたものである。そして、それは、仏陀がまださとりを開く前の間中、仏陀を――実は、仮小屋の造り主に気づかぬ誰をも――己れの独裁性の奴隷となし、己れの自我中心的な衝動、欲望、欲求を遂げるために使役した元兇であった。仏陀はかつて、この暴君の完全な支配下にあった惨めな存在であった。そして、仏陀をして最も悲惨な、不幸な状態に突き落とし、さまざまな怖れ、憂鬱、不機嫌の境涯に引き渡したのは、実にこういった絶体絶命の苦境の感受に他ならなかった。しかし、仏陀は今や、その仮小屋の造り主が誰であるのかを見つけ出した。それが何ものであるかを心得ているだけでなく、実際に面と向かって出会い、その犯行の現場を取り抑えたのだ。その怪物たる仮小屋造りの棟梁・牢屋の造り手は、知られ、見られ、捕まえられて、遂に仏陀の周りで獲物を捕らえる網を紡ぎ出すことをやめてしまったのだ。これが正に、〝縛られた状態から解放された心〟(*visankhāragatam cittam*)という表現の意味するところであり、自己を条件づける集合体(*sankhāra*)への捉われからすっかり自由になった心のことなのである。

　しかしながら、仮小屋の造り主は死んだのではないことを忘れてはならぬ。まだ生きているのだ。何故かというと、この体が存続する限り生きているだろうからだ。むしろ反対に、彼は私の主《あるじ》たることを停《や》めたのだ。否《いな》、むしろ私が彼の主《あるじ》となったので、この私は彼を思うように使役することができるし、彼はいつでもこの私の命令に従う用意があるのだ。〝人を束縛する諸条件の圧政から解放される〟ということは、諸条件がもはや存在しなくなったということを意味するものではない。われらが相対的な存在である限り、条件づけられてはいるけれども、われらがそのように条件づけられているという知識は、それらの諸条件を超え、かくして、われらはその上にいることになるのである。自由感覚はここから起こってくる。また、自由は決して法則無視とか我儘勝手《わがままかって》、あるいは、放縦《ほうじゅう》を意味するものではない。自由をこれらの意味に解して、それに従って行動する輩は、自らの自我中心的な激情の奴隷となっているのだ。彼らはもはや自らの主人ではなく、仮小屋の造り手のきわめて軽蔑されるに値する奴隷となり下がっているのである。

それ故、仮小屋の造り主を看破することは〝あらゆる欲望の究極を看破すること〟ではなく、また〝すべての欲望の消滅〟でもない。ただそれが次のようなことを意味しているだけなのだ。つまり、人間としてわれらが抱え込んでいるすべての欲望や情念は、今や、かの仮小屋の造り主を捕らえた人の支配下にあるということなのだ。その造り主は自己流につかんだ限られた自由を演じているにすぎぬ。さとりの体験はいかなるものも抹殺してしまうことはない。それは、より高次の理解の見地から、すなわち智慧の眼をもって、仮小屋の造り主の仕わざを見抜き、それを本来所属すべき居場所に据え直すのである。さとりの眼により、仏陀はすべての物事を、それらがあるべき階位において見据える。言い換えれば、仏陀の洞察は実在の最深部に達しているのである。

前に述べた通り、仏教の認識論においては、見ることが最も重要な役割を演ずる。というのは、見ることが知るということの基本にあるからである。見ることなくして知ることは不可能である。すべての知識はその起源を見ることの中にもっている。仏教の教義においては知ることと見ることとは、ふつうこのように融合しているのが実情である。それ故、仏教哲学は最終的には現実をあるがままに見ることを指向する。見ることは、さとりを体験することなのだ。(8) 法は *ehipassika*（来たり見よ）という術語で表されるが、法とは〝来たって見る〟べきものなのである。いわゆる八正道のはじめにこの正見（正しいものの見方）（*sammādassana* サンスクリット語では *sammādiṭṭhi*）が置かれているのは、このような理由によるのである。

では、仮小屋の造り主とは何なのか？

探知された仮小屋の造り主とは、われらの相対的な・経験上の自我であり、その束縛する諸条件（*saṅkhārā*）から解放された心が『涅槃経』に説かれている我（*Ātman*）、すなわち絶対我である。初期の仏教徒の主張した我（*Ātman*）の否定とは、相対的自我としての *Ātman* のことで、絶対我、すなわち、さとりの体験を経て後の自己の否定ではない。さとりは相対的自我から成る人生の意義を見きわめることなので、さとりの体験を経た後の絶対的自己から成る人生の意義を見抜くことではない。

さとりは人生の意義を相対的自我と絶対的自己との相互作用として見ることに帰着するのである。換言すれば、さとりとは絶対的自己が相対的自我の中に映り、それを通じて用《はたら》いているのを見透《みとお》すことに他ならない。

あるいはまた、この考えを次のように表現してもよかろう。絶対的自己は、相対的自我の中に映った自らを見るために、相対的自我を創り出すのだ、と。絶対的自己は、それが絶対の立場に留まっている限り、自己を主張し、自己を顕し、そのすべての可能性を発揮する手段がないのだ。絶対的な自己は自分の指令を遂行するため、仮小屋の造り主を必要とするのである。仮小屋の造り主は、何ら自らの企画によって、仮小屋を造る必要がないわけであるが、『涅槃経』に説かれているような意味での真我(*Ātman*)の中に、ひっそりと具有されているかぎりのものを現実化させるための有能な代行者なのである。

四

さて、ここでの問題は、「絶対の自己は、なぜ経験的自我の中に映ったわが身を見たいと思うのであろうか？」、「なぜ、それは、経験的自我を通してその無限の可能性を実現したいと思うのであろうか？」、「なぜ、絶対の自己は、移り行くもの(*saṅkhāra*)の支配下に入る危険を冒してまで、さまざまな現象を宿した世界に出て行かずに、自身の内に安らかに安住していようとしないのか？」、「このことはいわば、進んで仮小屋の造り主の奴隷となることにならないのか？」といったような問いかけである。

これは知性の次元では解決することのできぬ大きな謎である。知性は問いを投げかけるが、それに満足すべき解答を与え得ない。これは知性の本質に因《よ》ることなのである。知性の役割は、自らを超えたいろいろな種類の問いを提出することによって、心をより高次の意識の場に導くことにある。その謎は、それを生きること、その用《はたら》きを見抜くこと、人生の意義を実際体験してみること、あるいは生きる価値を味わってみることによって、解けるのである。(9)

味わい、見、体験し、生きる――これらすべては、さとりの体験とわれらの感覚的経験と何か共通したものがあることを明らかに示している。一方はわれらの存在の内奥で起こり、他方はわれらの意識の周辺で起こる。そのようなわけであるから、個人の経験は仏教哲学の基盤であると見てよい。この意味で仏教は後世、さとりの体験の意味を探求するため、どのような論法が編み出されたにせよ、根元的な経験主義であり、あるいは体験主義なのである。

仏教哲学は長い間、虚無的で何ら建設的なものの持ち合わせがないなどと誤って受けとられてきた。しかし、それを真に理解しようと努めて、破砕、無化、絶滅、破壊、停止、沈静、あるいは渇望の止息、無貪《むとん》・無瞋《むしん》などの言葉で、浅はかにも曲解してしまうことのない人びとは、仏陀が決して〝永遠の死〟の宗教を説いたのではないとは容易に分かるであろう。

時として、仏教の無我の思想の帰結のように見做《みな》されてしまう〝永遠の死〟などというものは、何らの意味も持たぬ奇妙な考えである。〝死〟が何らかの意味をもつとすれば、それは出生と対比させられた時のみであろう。というのは、それは相対的な言葉であるからである。永遠の死は円環をなすものだ。出生ということがなければ決して死ぬことは起こり得ない。出生のあるところ、死がある。生死は相伴うものである。一方を除外して他方だけをとることはできぬ。永遠の死があるところには絶え間ない出生がなければならぬ。永遠の死が続けられるためには、決して終わることのない出生がなければならぬ。あたかもそのようなことがあり得るかのように、すべてが抹消され失くなってしまうことを語る人びとは、現実の体験に全く直面したことのない連中である。

生きるということとは決して終わることのない生と死の連鎖である。仏教哲学の教えているのは、流れ続けているままの生の意味を探求することである。仏教徒が、万物は決して同じ状態に留まっていることはなく、さまざまな条件に依存しており、この生死輪廻の世界には絶対の安全を保障してくれるようなものはないのだ、と断言する時、それは、このはかない世界が執するに値するものだと思いこんでいる限り、欲求不満の人生を送らざるを得ないことを意味しているのだ。人生に対するこういう消極的な態度を乗り越えるためには、心を清らかにする道である般若の智慧を用いる他はない。われらは物事を取るに足らぬものだと否定してしまわずに、世俗の観察者には閉ざされている側面から物事を理解するために、智慧の眼で物事を見なければならぬ。世俗の人びとは物事の無常・はかなさ・変わり易さしか眼に入らず、決して滅び去ってしまうことのない、時の変遷と共にある永遠性それ自体を見ることができない。潰滅ということはわれらの側にあることであって、時の側にはないのである。仏陀のさとりの体験は明らかにこのことを示している。棟木が打ち毀され、垂木《たるき》が引きはがされたということは、みな時の変遷の側にあることであって、ついぞ潰滅の憂き目などに会うことのない、永遠の側にはないのである。時の遷り変わりが乗り越えられ、永遠があたかも時と連関して存在しているかのように視野から消え去ってしまうなどと想像することは、仏陀の発言を全く誤って解釈していることになるわけである。〝潰滅された物事から自由な心〟を探求するには、般若の智慧の眼が実際必要であって、それは、実はエックハルトの言う次のような眼に他ならない。

私が神を見ている眼は神が私を見たもう眼と同一である。私の眼と神の眼は一つの眼、一つの影像、一つの智、一つの愛である。

時が永遠であり、永遠が時である。言葉を換《か》えて言えば〝零《ゼロ》が無限大であり、無限大が零《ゼロ》なのである〟。眼が外面と同様に内面を――つまり両者を同時に見ることができた時、汚れなき道が開けるのである。智慧で見るのは一つの動作、一瞥、ひと念《おも》いの刹那、つまり、無念の刹那である。この真理が智慧の直覚をもって見抜けぬならば、〝勝利の讃歌〟はその意味の全容を決して齎《もたら》してくれることはなかろう。別の読みとり方をする人びとは、消極主義・虚無主義を超え出ることはできまい。

次に掲げるエックハルトの言葉はこの点の解明に大いに資するであろう。

神のもとにいる被造物にはすべて更新ということがある。しかし、神には更新はなく、ただ永遠性あるのみ。永遠性とは何か？——永遠性の特質とは、その中においては、若さと存在が同一であることだ。何となれば新たなものに変身したり、恒常性を保てないようならば永遠ではありえないであろうからだ。(10)

〝再生〟とは〝生成〟の意で、これが〝無常性〟である。永遠なるものは決して〝更新〟を知らず、年をとることもなく、永遠に〝若さをたもっている〟、しかも、さまざまな形の〝消滅〟とか〝絶滅〟を超えている。さとりとは、この〝永遠〟が何ものであるかを知ることであり、この知は、生成から解放された彼(神)のありのままの姿と、その名称を離れた無をば〝永遠の流儀で知ること〟なのである。(11)エックハルトはこの知る、知らぬの問題に関してどのような神を心に思い描いているかをわれわれに告げるにあたって、頗《すこぶ》る断言調で語る。

君は彼について何か知っているのか？　彼は君の知っているようなものではない。神について何がしかのことでも知っているというのなら、その点で君は無知なのであって、無知は人を動物の境涯に導く。というのは、被造物にあっては、無知であることは動物的であることを意味するからだ。もし、君が動物のようにはなりたくないと思うなら、得も言われぬ神については知らぬままでいるがよい。——「では私はどうしたらよいのでしょう？」——これが私だという思いを離れて、神の本性の中に溶けこんでしまえ。すると、君の懐《いだ》いている自意識が神ご自身のそれとなり、徹底的に一つの自意識となりきってしまった暁《あかつき》には、君は、神の中で物事の移り変わりに捉われぬ神の本性、神の言い知れぬ無なるあり方を永遠に知るに至るであろう。(12)

エックハルトの名もなき無なる神は仏教の言葉で言えば万物の実体なきこと、移り行くのものに捉われぬ心、すべての渇愛の止滅に当たる。

五

このことに関連して、究極の実在の諸問題を扱っている仏典、あるいは他の諸文献の中でふんだんに用いられている否定的表現について、ここで少し述べておくのもちょうど良い機会であると思われる。一般に神秘的であるとされているある種の体験を表すのに、逆説的な表現がしばしば用いられることにもちょっと触れてみたい。

そのすべてを綜合的に考察してみると、知識の出どころ、あるいは体験そのものに二種がある。エックハルトの言葉で言えば〝人生の誕生に二種〟がある。あるいは、〝空〟の教えを奉ずる人びと(*śūnyavāda*)によれば二種の真理(*satya*)が存在する。この道理が認得できぬ限り、言葉で表現されても、あらゆる宗教体験を特徴づける論理的矛盾の問題は決して解決することはできない。常識的考え方にとって、とても厄介なこの矛盾は、本来言語表現を超えているわれわれの内面的体験を伝えるのに、言語を用いなければならぬという事実に基づいている。しかし、これまでのところ、われわれには、禅の教えに従う人びとが依用《えよう》している方法以外に何も伝達の方法を持ち合わせていないので、合理主義者と、いわゆる神秘家との間に抗争が続くのである。言葉というものはきわめて実用的な、第一の種類の知恵に奉仕するために、まず開発されたものである。このために、およそ人に起こるあらゆる出来事や体験全般にわたって、その存在意義を主張するようになったのである。その支配的権威があまりにも強かったがため、われわれは言葉が采配を振るっているものは、ほとんど何でも受け容れざるを得なくなってしまったのだ。今やわれらは自分の思いを言葉の支配に合わせて造り替えることを余儀なくされ、行動までもその支配に屈して、言葉自体の効果的な運用に歩調を合わせざるを得なくなっている。それればかりではない。さらに悪いことには、言葉は今や新しい体験の真相を抑圧するにすら至っているのである。しかも、そのような事態が実際生起すると、言葉はそれらを「非論理的」だとか「考えられぬこと」などといって非難し、しまいには、新しい体験をすべて人間的価値なしとして片づけてしまおうとさえするに至るのである。

空を標榜する中観派は、真理（諦・*satya*）に二つの形を区別する。（1）相対世界に属する世俗諦（*samvritti*）と（2）般若の直観的智慧の超越的世界に属する第一義諦（*paramārtha*）である。『妙法蓮華経』（『法華経』*Saddharma-puṇḍarīka Sūtra*）の中で仏陀が自らのさとりについて語る時、彼は自らの体験を言い表すに際して、それは弟子たちの間で誰一人として理解することのできないものであると言うが、そのわけは彼らの理解が仏陀の到達した境地にまでは決して届かぬからである。仏陀を理解するものは、もう一人の仏陀であって、諸仏は独自の境涯をもっているのである。その内側をば平凡な知的能力をもつ者では誰一人として窺《うかが》い知《し》ることができない。言語はこの相対世界に属するものであって、この手段によって仏陀が自己表現をしようとすると、聴衆は当然のことながら覚者《かくしゃ》の内面生活の中に入ることを阻《はば》まれるのである。一方、『入楞伽経《にゅうりょうがきょう》』には他に多くの仏国土があると説かれており、そこでは言葉だけではない様々な手段により、例えば、手足の動作により、あるいは微笑・セキ払《ばら》い・クシャミ等によって仏の活動が行われているという。明らかに諸仏は自らの内心の働きを伝えるのにどんな方法を用いても相互に了解し合うことができるのである。なぜならば、諸仏は、みな各自の体験を通してそれらを心得ているからである。しかし、それに相応する体験がなければ、いかほど方便をめぐらせても、内心の働きを他人の心の内で気付かせることはできぬであろう。

馬鳴《めみょう》菩薩の『大乗起信論』には真如（*Tathatā*）のもつ二つの側面に言及している。その一つは伝達可能なるものの範疇に当てはまらぬ故、言い表したり書き示したりすることが全く不可能なものである。ここでは言葉は全く役立たない。しかし、馬鳴は続けて言う。

もし言葉に訴えなければ他の人びとに絶対なるものを知らしめることはできぬ。それゆえ、言葉というものは、すでに用いられている言葉から脱出するための楔《くさび》として役立たんがために用いられるのである。それはちょうど毒をもって毒に対抗するようなものである。それは最も危険な武器であるので、それを用いる者は自らに危害が及ばぬよう、あらゆる注意を払わねばならぬ。

この点に関して、『入楞伽経』は次のように断言する。

言語による分別によって最高の実在を表すことはできぬ。なぜかといえば、数多の個別的な特質をもつ外側の対象は存在せず、心自体が顕したものとしてわれわれの眼前に立ち現れているに過ぎぬからである。それゆえ、大慧《マハーマティ》よ、汝は言葉の分別の現し出すあらゆる対象から遠ざかっているように努めよ。(13)

言葉の分別は、世俗智(*samvritti*)、つまり相対世界の物事に属しているもので、数知れぬ多様性を含むこの現象世界を超えた消息を伝達するためのものではない。というのは、ここにおいては、言葉は至上であることを止めて、自ら限界のあることに気づかねばならぬからである。エックハルトが分別した三種の智慧の中の二つはこの世俗(*samvritti*)のものであり、第三番目の智は第一義諦(*paramārtha*)に相応する。エックハルトは次のように言う。

この三つのものは三種の智のことである。第一の智は感覚的な智である。眼は外にあるものを遠くから見る。第二の智は合理的であり、第一の智よりは、はるかに高度なものである。第三の智は魂の高められた力に相応しており、この力はきわめて高貴であるがため、自らの内で神と対面することができるのである。この力は実体のない点で無と等しく、昨日も一昨日《おととい》も明日も明後日も知らぬ(というのは、永遠なる時には昨日も明日もないからである)。永遠においてはその力は現在只今に他ならぬ。一千年前や、一千年の未来の出来事は現在只今在り、対極的なこれらはみな、この場と変わりはない。(14)

はじめの二種の智は五官と知性の世界向けのもので、そこにおいては、言葉が極度の有用性をもっている。しかし、それを「魂の崇高なはたらき」が支配している領域で用いようとすると、そこで作用しているはたらきを、エックハルトによって示されたレベルにまで、その「力」を未だ「高められ」も強められもしなかった人たちに伝えようとすることは、見事に失敗してしまう。しかし、われわれは感覚・知性の持ち主である限り、否応なしに言葉を使わざるをえないので、今しがた引用したエックハルトの言葉からも分かるように、われわれは矛盾を犯してしまうのである。この点に関してはエックハルトやエックハルト流にものを考える他の思想家たちは、論理学や言語学の規則を無視し続ける。ここで肝腎《かんじん》なことは何かと言えば、言語学者や論理学者は、経験した事実を研究していく自己流の限られた方法を放棄するということである。そうすることによって彼らは、事実そのものを分析し、そして自分たちが発見したところのものに言葉を適用することができるようになる。われらが先に経験を取り上げずに、言葉をまず取り上げ、しかる後に人間の経験すべてを言葉の要請に合わせようとする限り、問題の解決を見ることはないであろう。

エックハルトはさらに次のようにも記している。

義《ただ》しい人は、神にも被造物にも仕えぬ。彼は自由人である。そして、彼が義しいほど、彼はより自由であり、自由そのものであるのだ。創られたものに自由などあるはずはない。神ご自身を除き、私の上に何かがあるとするならば、それがどんなに偉大なものであるにせよ、私を制約するものとならざるを得ない。たとえそれが愛や智識であるにせよ、それが創られたものであって、現に神でない限り、さまざまな制約を私に課してしまうのだ。(15)

ではまず、言語学はこの発言に接して何と言うであろうか。その論法はつまりこういった内容になるであろう。

「エックハルトが自らを〝自由な人間〟であると言う時、それはそう表現せざるを得ないのだし、すばらしい表現ではあると思うが、彼が〝神でない限り〟と口をすべらせているからして、彼はまだ神を認めているのである。では訊くが、彼はなぜ、大小に拘わらず、すべての対象を超越した自己の絶対的自由を主張せずに神だけを例外とせねばならぬのか？　もし彼が神のことを考慮しなければならぬのなら、先で豪語するほど自由であるはずはないではないか？」

こういった反論がなされるのは、論理的な分析が言葉とその価値を超えたところに及ばぬ限り、まことに尤《もっと》も至極である。しかし、エックハルトのような体験の持ち主であるならば、誰でもその真に意味するところを十分理解し得るであろう。つまり彼の真意は次のようなことである。人が神の中に、神と共に、神のためにある時のみ、人は真に自由である。しかもこれは自由であるための条件などではない。なぜかといえば、神の内にある時、人は自由そのものであるからだ。彼が自由である時はどのような時かというと、自分は神の内に居り、絶対自由であるということを強調したりなどせぬ時、現に彼は自己自身なのだということに気づく時である。エックハルトは次のように言う。

最近の私の思いはこうだ。私の人となりの判断は他人さまのすることで、それは私が他人さまにしていることと同様である。その私はといえば、見、聞き、食べ、飲むことはどんな動物のすることとも変わりはない。しかし、この私のあり方は人も天使も、はたまた神さまも責任をもち得ることではなく、神と一体になっているような時でない限り、ひとえに私自身にかかっているのだ。(16)

同じ説教の後半の部分において、エックハルトはこう付け加える。「〝我〟つまり〝私〟という言葉は同一性の中に安住している神以外のものが用いるのは適当ではない」。この〝我〟は明らかに「魂の城」と題したもう一つの説教の中で〝閃光〟〝霊性の光〟という呼び名で言及されているものを指している。

魂の中に潜んでおり、それのみが自由である、ある力のことを私は時折話すことがある。私は時にはそれを魂の仮小屋と呼んだり、また時には霊性の光と言ってみたりしたが、また、直ちにそれは閃光であると呼びたい。しかし今はこう言わせて貰おう。「その力はこれとかあれとか名ざしできるものではないが、それは何ものかに違いない。その何ものかは、天が地とかけ離れている以上に、あれこれの事物をはるかに超えすぐれたものである……。それはあらゆる名称を離れて自由なものであり、あらゆる形を超えて空なるものである。あらゆる束縛を離れて自由であること自身に安住した神のごとくである」(17)。

われわれの使う言葉というものは、昨日・今日・明日というさまざまな数量や個別性の世界が造り出したもので、この世(*loka*)で用いる分には至極重宝なものである。しかしながら、体験によって知られることは、次のようなことである。すなわち、われらの世界はこの世界(*loka*)を超えた広がりをもち、目覚めた人びとのいわゆる〝出世間〟(*loka-uttara*)というもう一つの世界があるということである。そしてまた、言葉というものがこの出世間(*lokottara*)の物事に使われることを余儀なくされると、言葉はゆがめられ、さまざまに歪曲された姿——自家撞着、逆説、矛盾、ねじれ、背理、珍奇、不合理など——をとるのである。その責任は別に言葉自体にあるのではない。言葉というものの本来もっているはたらきに無知のまま、言葉によって表すことなど思いもよらぬものに言葉を用いようとする、われわれの側にあるのである。のみならず、われわれは出世間、すなわち超越的世界(*lokottara*)のありのままの相《すがた》を拒むことによって、自らを欺《あざむ》いてすらいるのである。

ここで、超越的世界、すなわち〝内なる力〟を、言葉で操作し得る次元に引っぱり出すことがいかに至難の業であるかを見てみたい。

魂の被造物としての性格を超え、被造物にも届かず、普通のあり方を超えた何ものかがある。清らかであると言われる天使ですらそれを持ち合わせていない。明晰で明白ないかなるものもこれとは全く係わりをもたぬ。それは神に近く、内面的に一体ではあるが、無でありながら全く無というわけでもない。多くの僧はそれをまことに厄介なものと見做《みな》しているほどだ。それは一なるものと言ってもよい。名づけようもなくむしろ無名なるものである。知られているというよりは、むしろ知られざるものである。もし君が一瞬でも、否《いな》、一瞬とまでいかぬ刹那《せつな》にでも、自己を無にすることができ得るならば、その本体のすべては君のものであると言ってよかろう。しかしそうでなくして、君が万が一、自己意識などを持ち合わせている間は、君は私の口が色を知らず、私の眼が味を知らないことに等しいほど、神について無知なのである。君はそれほど神の実体を知らず、また見分けられぬということだ。

(18) (19)

この〝何ものか〟あるいは〝何かあるもの〟とは、何と〝厄介な代物〟であることか！　しかし、それは疑いもなく光であり、もし君がそれを〝一瞬よりも短い一刹那〟にでも一目見ることができるならば、君は己《おのれ》の主《あるじ》となることができるであろう。プラトンはその光を次のような言葉で描写する。「それは〝この世界には存在しない光である。この世界の中にもなく、外にもない〟。ふつうの時の中にも永遠の時の中にもない。それは内も外ももたない」[20]と。言葉の上で考えてみた場合、あるものがどうして〝この世界にもなく、また、この世界の外にもない〟などと言えようか？　これ以上馬鹿々しいことはない。しかし、エックハルトも言っている（エヴァンス訳、二二七頁）ように、時(*zit*)、身体(*liplicheit*)、そして多様性(*manicvaltikeit*)を超える時、[21]われわれは神に到達するのである。そして、この三者はまさに言語学の原則に他ならない。人が出世間的な事がらを言葉を通じて表現しようと努める時、言葉は自らに備わっているあらゆる欠陥をさらけ出してしまうのも尤《もっと》もなことである。このようなわけで、禅仏教は言葉を用いることを避けようとし、しばしば、この点に関するわれらの考えの浅薄さを非難するのである。禅仏教が言葉に批判的であるのはただ理由《わけ》もなく反対するためではなく、この世を超えた次元で生起している出来事を、言葉をもってしては伝達し得ない境地があるということをただ自覚しているからにすぎない。何かにつけて禅仏教がすぐ用いようと待ちかまえている言い表し方の一つは、「言葉に依存しないこと」である。宋の時代の書物『碧巌録《へきがんろく》』の注釈者、圜悟《えんご》は次のように言う。

中国人の心が大乗仏教を受け容れるに足るほど成熟したのを見てとった菩提達磨は、南方の順路にそって、ここ(中国)に来朝し、〝心印の伝達〟のために人びとの準備を整える仕事を開始した。達磨曰く「余は文字や言葉に依存した思想体系を打ち建てようとするつもりはない。余は諸君を直ちに心そのものに導き、それによって仏性を洞察し、仏の境地を達成せしめたい。禅の教えがこのように理解される時、われらは自由を獲得し得るであろう。それゆえ、いかなる文字の道にも従わず、物事の赤裸々なありのままの相《すがた》を捉えようではないか」。

梁の武帝の問いに対して菩提達磨はただ「陛下よ、私は存じませぬ！」とのみ答えた。後に、中国の禅宗の第二祖となった慧可《えか》が、心がどこにも見当たらぬと告白した時、達磨は叫んだ。「それ、余はそなたの心を鎮《しず》め了《おお》せた！」と。自分が直面したこういう場面においてはいつも、達磨はあらかじめ捏《こ》ね合《あ》わせてしつらえた解答など持たずに、ただ躊躇《ちゅうちょ》することなく対面した。前もって考えたようなものは何もなく、いろいろな概念で満たされた心の中で慎重に整理したものなど何も持たなかった。彼は通路を阻《はば》んでいる障碍物《しょうがいぶつ》をばすべて一刀両断し、それによってわれらを言葉の分別の捉われから解放してくれたのである。われらはもはや物事の正邪、得失に悩まされる必要はないのである。(22)

次の問答は、禅の教えが例えば存在の究極的な問題などを取り扱うのにいかに自在であるかの証明となろう。(23)

ある僧が唐代の大瑞宝身《だいずいほうしん》に訊ねた。

「この宇宙が終末を迎える時には大火が起こって、すべてのものが潰滅してしまうと聞き及んでいます。一つお訊ねしますが、〃このもの〃もまた運命を共にするのでしょうか。あるいはしないのでしょうか」。

大瑞は答えた。

「そうだ。共にするとも」。

その僧は続けて言った。

「もしそうなら〃このもの〃もまた他に従うと言わねばなりませんね」と。

大瑞は言った。

「いかにも、その通りじゃ」と。

後日、これと同じ問いが周という名のもう一人の師に向けられた。

周老師は答えた。

「いや、運命を共にすることはない」。

「なぜ、共にしないのですか?」

と、また問われて師は答えた。

「なぜならば、それは全宇宙と一体であるからだ」と。

論理的・言語学的見方からすれば、二人の禅の老師は相互に否定し合っており、和解のもたらしようもない。一方は「イエス」と言い、他方は「ノー」と言う。この場合の「ノー」が絶対否定を意味し、「イエス」が絶対肯定を意味するならば、両者の溝は埋まらない。もしそういうことであるならば、また実際その通りに違いないのだが、どうして禅の教えは矛盾を容認し、その教えが一貫しているなどと主張できるのであろうか、と問う者もあるかも知れぬ。しかし禅はそのような批判には全く留意することなく、平然としてわが道を往く。なぜかといえば、禅が最も関心をもっているのは体験であって、その表現形態ではないからだ。表現形態にはかなりの多様性が認められ、その中には逆説、矛盾、そして曖昧さなどがある。禅によれば、〝ありのままの真実〟(*istichkeit*)の問題はひとえに内面的にそれを体験することによって解決されるのであって、単にそれについて論じたり、言葉の上で理詰めで込み入った議論に訴えたりすることによってではないのである。純粋な禅体験を持つ人びとであったならば、表面的な喰い違いがあるにも拘わらず、何が真実で、何が真実ならざるものかを直ちに認得するであろう。

六

仏陀がさとりを体験した時に発したとされる、もう一つの言葉を取り上げるに先立って、時の問題をよく考えてみたいという思いを禁じ得ない。これもまた言葉遣いや世界創造神話のエックハルト的扱いと密接なつながりをもっている。アウグスチヌスも告白しているように、時の問題にわれわれが直面する時、神は〝人を嘲笑する〟とも言えよう。それは、われらが〝親し気に、そして知ったかぶりをして〟取り上げなければならぬ主題の一つである。〝しかもわれらは時を話題にする時それを理解し、時が他の人によって論じられているのを耳にする時も、それを理解しているのである〟。

では時とは何か？　もし誰も私に訊ねなければ、私はそれを知っている。でも、もし質問者に説明しようとすると、私は知ってはいない。しかし、私は次のことは自信をもって断言できる。すなわち、もし何も過ぎ去ることがなければ過ぎ去った時などはないことになろう。そしてもし、何ものもやって来ないならば、未来などはないことになろう。そしてもし、今何も存在しないならば、現在もないということになろう。では、過去も、もはやなく、未来もまだ来ていないなら、過去と未来のこれら二つの時はどういうことになるのか？　しかし現在という時は、もしそれが常に今あるままに留まり、決して過去に移行することがないならば、全くそれは時ではなく、永遠であろう。もし現在という時が時ではないのに、ひとえに過去に移行するからというだけで、存在を獲得するならば、どうしてわれわれは現在もあるということができるであろうか？　もしそうならば、現在がある理由は現在が現在でなくなるからだということになろう。換言すれば、現在が存在しなくなるという差し迫った状態によることなしに、われわれは時が存在するなどということをまともに言うことはできないのである(24)。

時というものは実に永遠に人を困惑させる主題である。殊にそれが言葉の操作の次元で取り扱われる時は尚さらのことである。言葉の用い方に係わる限り、この問題に近づく最良の方法は、エックハルトも示唆しているように、「一と二の間に生を享《う》けている人間を考察することであろう。その一とは永遠であり、これは永遠に単独で多様性をもたぬ。その二とは時であり、これは絶えず移り変わりつつあり、かつ、多岐に分化する傾向をもつ(25)」。

こういう考え方の線に沿って、エックハルトは「無所得」と題するもう一つの説教の中で次のように続けて言う。

……それゆえ、私が私自身の最初の因《もと》である。つまり、私の永遠の存在と、私の暫時の存在の双方の因なのだ。これを目ざして私は生まれたので、私の生誕が永遠であるお陰で、私は決して死ぬことはないであろう。私が永遠にこのようなあり方を今日までしてきたのも、今こうして現に在るのも、また永久にこのようなあり方を続けるであろうこともみなこの永遠の誕生の本質によるのである。かりそめの被造物としての私のありようは死んで死に帰することである。というのは、それは時間と共に到来したが故に時間と共に過ぎるであろう。しかしながら、私の永遠の誕生においてあらゆるものが生み出されたのだ。それは私自身の最初の因であると同時に他のあらゆるものの最初の因でもあったわけだ。もし私が望んだとするならば、私も世界も存在するには至らなかったであろう！　もし私が存在しなかったとすれば、神も存在しなかったことになろう。しかしながら、これを理解する必要などはないのだ。[26]

この最後の発言「しかしながら、これを理解する必要などはないのだ」によって、エックハルトが何を言おうとしていたかはともかく、純粋に言語学的見地からすれば、ここに描写されているような時と永遠の内面的滲透や融合を〝理解すること〟は不可能である。本来、時と永遠の二つの概念は折り合うことができぬものであって、どんなに巧みな弁証の手腕をもつにしても両者を安んじて一致させることは無理だろう。たとえ、エックハルトや他の思想家、また、それ以外の人びとが懸命にあらゆる方便を傾けて〝その真理〟をわれわれに確信させようと努めても、われわれが流れのこちら岸にいる限り、われわれを納得させることは期待できまい。これが多分、エックハルトが不可能なことをやり遂げる必要などはないと言った意味であろう。それならば、彼は一体われわれにどうせよというのであろうか？　実は彼の望むところは、言葉の操作を斥《しりぞ》けて〝時と物質と多様性〟の足枷《あしかせ》を振り払い、名状しがたい無の深淵の真っ只中に跳び込めということなのだ。というのは、さとりの体験が生起し、次のような理解がわれわれの上に到来するのはまさにその瞬間であるからだ。すなわち、「今の私はこれまでの私であり、今のまま将来もこのままで私であるであろう。こう自覚すると、私は自分をすべての天使たちのレベル以上に引き上げようとする衝動を覚える。この衝動を受けると、私は神自体が神であることや、神が神に適《ふさ》わしいさまざまなはたらきの故に神でありえているという思いに止まり得ず、一瞬の贅沢な思いを授かる。つまり、この突破の体験において、私は神も私も共に何ら変わりないのだということが分かる。その時、私はこれまでの私と変わりはなく、増えも減りもしない。なぜかというと、私はあらゆるものを活動せしめている不動なる動因であるからだ[27]」。

自己に関して、こういうことを理解し得た時、われらはまたアウグスチヌスが神について言っていることの理解にも導かれるであろう。すなわち、「神は今日、将来幾重千年もの間になされるであろうすべてのことを為《し》ておられる。しかも――もし世界がそれほどまで長く続くはずのものであるならば――過去何千年もの間にされてきたすべてのことを今日もまだ為《し》続《つづ》けておられるのだ[28]」。

ところで、エックハルトとアウグスチヌスの両者は次のように問う。「もし誰もそのことを理解しないというのならば、私はそれに対して、一体何ができるというのか？」あるいは、「もしこれらの言葉が誤って受けとられるようならば、それらを正しく解釈している人は何ができるのか？[29]」このような問いかけに対して、エックハルトは慰めて次のように答える。「もし誰かがこの講述を理解しないのならば、そのような心配をせぬがよい。というのは、もし彼が、この真理を己の内に見出さぬことには、私が言ったことを理解し得ないからである。――なぜかというと、それは神の御心から直に由来するところのもので、自ら発見しなければ分からぬ真理[30]であるからだ[31]」。

われらに残されたなすべき唯一のことは、エックハルトに従って神にこう祈ることであろう。「願わくはわれらすべてがそれを永遠に体験するように生きることができますように、神よ、われらにお力を貸したまえ！　アーメン」。

禅的な時の問題の扱い方は、言葉の上からの分析とは、著しい対照を示している。次に示す説話の中にはその一端が瞥見されるであろう。

徳山《とくさん》(七九〇―八六五年)が泰山に行く途中お腹が空《す》き、疲れてもいたので、道端の茶屋に立ち寄り、おやつを注文した。その茶屋を営んでいる老婆は徳山が『金剛経』の偉い学者であることが分かったので、こう訊ねた。「一つお訊ねしたいことがあります。もし、お答えになれればただでおやつを差し上げましょう。しかしもし、お答えになれぬようでしたら、どこか他の場所へ行っておやつをお探しください」。徳山が同意したので、その老婆はこういう話を持ち出した。「金剛経にこう言われていますね。過去の心は摑《つか》めない、現在の心も摑めない、未来の心も摑めない、と。もしそうならば、あなただったら一体どんな心を区切ろうと思いますか？」(おやつは中国語では点心《ティエンシン》、日本語では点心《テンジン》として知られており、〝心に区切りをつける〟を意味する。そこで、この問いが出てきた)。徳山は全く途方に暮れてしまって、どう答えてよいか分からなかった。彼は全く食べ物にありつけずに、その場を去らなければならなかった(32)。

おやつを頂くことは時間の中でのできごとである。時間の外では何も頂けぬ。茶店の老婆は、『金剛経』に依ると、過去・未来・現在の何れの時も捉えることができないというのに、疲れを癒すために、一体どんな時を充てるつもりかと、今、旅の僧に訊ねる。時がないならば一体どうやって何かを達成できるのか？　人の思いに関わる限り、つまり言葉を重視する限り、今生においてはどんな行動も不可能である。しかるに、至極奇妙なことには、われらはその言葉の全き意味において生存を続けているという事実がある。その老婆は形を超えたものを考える専門家ではないし、そのようなものには全然関心を持ち合わせてなどいない。しかし、彼女はその若者が言葉に捉われ、ややこしい概念の蜘蛛の巣にからめとられてしまった体たらくを見るに及んで、その彼をそこから救《たす》け出《だ》してやりたいと思って、この問いを発したのだ。また、彼自身もそんな可能性など決して思いもかけぬことであったに違いない。矛盾の真っ只中にあるわが身を見出して、彼自身も自ら造り出した罠からきれいさっぱり抜け出すにはどうしたらよいか分からなかったのである。彼はおやつにありつけずにその場を立ち去らなければならなかった。

　禅の教えは絶対的な今の瞬間という問題に大いなる関心を抱いてはいるが、その関心はむしろ実践の線に沿っており、その論理性にあるのではない。それゆえ、雲門《うんもん》[文偃《ぶんえん》]の〝月半ばの十五日〟に関する説法に見られるように、禅の師匠たちはわれわれに何か一句(中国語ではイチュ)言わせようとする。その発言は必ずしも音声を発するだけとは限らず、何らかの行動なのである。エックハルトの言葉を藉《か》りれば、そのコツは〝神の日〟の内に〝霊魂の日〟を挿入する(ブレイクニー訳、二二二頁)[33]ことである。神の日の特徴は、現在・只今の瞬間(*in einem gegenwürtigen nu*)の内にあらゆる時を擁していることとされる。神にとっては、〝一日であろうと、六千年前であろうと、ただただ昨日が今日に近いのと同じくらい変わりはないのである〟。われわれはといえば、昨日は昨日であるし、一千年は過去に向かっても、未来に向かっても一年の一千倍であるという別種の日をもっているので、日常生活の中に神の日を展開させるわけにはいかぬ。しかしながら、もし何とかして〝であった〟あるいは〝であろう〟を〝である〟にしてしまうことに成功しないなら、安心は得られず、懼《おそ》れを免れることができないのだ。このことは、実存的心情をもつに至った現代人が共有している関心事なのである。兎にも角にも彼らには〝おやつ〟が支給されねばならぬ。貰っているのに、未だ貰っていないと思っていることが、憂慮と不安の実際の因《もと》であるに違いない。

時と永遠という同じ主題を取り扱っているし、基本的な考え方は一見そう思われるほどの開きはないのであるが、エックハルトによるそれらの説教とどんなに違うかを示すために、ある禅の説法を引用してみよう。(34) その禅の説教とは、京都の大徳寺の初代の管長であった十四世紀の大燈《だいとう》国師（一二八二―一三三七年）によって行われたものである。禅の説法は、ふつう師匠と弟子の一人との間に交わされる問答から始まるのが常である。その時、説法それ自体はとても短くて、言葉をよく整えて並べてみると、ほぼ十行余りに過ぎぬ。その説法の行われたのはある年の大晦日の晩であった。大燈国師が法堂に姿を現すや、一人の弟子が進み出て次のような質問を放った。

「新しいものは古いものがもう過ぎ去ったということを知りませんし、古いものは新しいものがもう来ているということを知りません。新しいものと古いものとは、まだ互いに相手を知りません。そこで、彼らは世界中、到るところで対立したままでいます。これがどちらを向いてもわれわれが出会わねばならぬ情況なのでしょうか？」

師は答えて言う。

「宇宙全体がそうだ[35]」。

弟子が続けて問う。

「まだ世界が存在するに至る以前[36]は、そこへどうして行ったらよいのでしょうか？」

師匠「僧堂の門前では手を合わせますがな」。

弟子「それからはどうですか？」

師匠「本堂では焼香するしな」。

弟子「昔、北禅和尚の時、僧堂の庭をうろついていた白くでかい雄牛[37]を蒸し焼きにして、この記念すべき機会を祝って、雲水にご馳走された、と伺っております。今年の大晦日には私共は一体どんなご馳走を頂けるんでございますか？」

師匠「それをよく噛んで味わうと、蜂蜜よりも甘いぞ」。

弟子「このたびは僧堂一同ご温情を有難く頂戴いたします」。

お辞儀をして僧が引き下がろうとすると、

師匠曰く

「結構な金色の獅子じゃな[38]！」

ここで師匠はいつもの垂示を試みる。

「今夕旧《ふる》い年は明ける。過ぎ去り古びてしまうものは往かしめよ。この暁に新しい年は到来する。来たって新生すべきものは来たらしめよ。新旧は絡み合うこと限りなく、われらはみな思い思いに楽しむ。因果は時の経過に順《したが》って歩み、さまざまな様態の営みは自由に自ずから顕現する。龍峰の頂きは巍然《ぎぜん》として天を摩《ま》し、僧堂の門戸は果てしなく広がる原野に開かれる。これはすべて今われらが享受しつつある善政の下での平和にもとづくものではない。博愛の精神が遍《あまね》くわれらの周囲に溢れているのは当然の帰結なのである。かかる時に当たっていかなる教化の言辞などを諸君に持ち出す必要があろうか?」

師匠は払子《ほっす》で坐床を叩いて言った。

「地の果てまで大地を埋めた師走の雪は万物を白く変容し、扉に吹き寄せる春風は未だに寒冷そのものだ」。

陰暦に従えば、十二月三十日は冬の終わりで、時計が十二時を打つと、春が迎え入れられる。従って、この辺の消息が師走の雪と春風という大燈国師の発言となったわけである。両者は共に一処にある。春になったとて冬の雪が融けるというわけではない。これまでに積もったままの冬の雪の上を春風が吹き抜けるのである。新旧は交錯する。過去と現在は融合している。想像上の季節の分かれ目は人の用いる言語の中にのみ在る。われらは実用的な目的のために四季を区別するのだ。この区別が一旦なされてしまうと、ある季節は、一年の中のこれこれの時節にきちんと始まらねばならなくなる。雪が真っ白に積もっている間は、雪は春を迎えようと急ぎはしないし、春風もまた冬が自分のために道を開けてくれるのを待っているわけではない。古いものはずっと続いて新しいものとなり、新しいものはいつでも古いものに参加する体勢にある。禅で言う絶対の現在は、多分、エックハルトの言う絶対現在ほど近づき難いものではなかろう。

七

さて、以上長々と述べてきたが、ここで本題に戻って、さらに一歩を進めて、仏陀のさとりの体験に再び主体的に近づくことができぬものかどうかを確かめてみたい。その体験を単に一種の感情であると決めつけてしまって、この受け取り方が、あたかもさとりの体験内容全体に通用するかのように思って、さとり全体を片づけてしまうわけにはいかぬ。なぜならば、さとりの体験というものには、ある程度、言葉にして知性的に取り扱い得る主知的要素など何もないとは言いきれぬものなのだと思えるからである。さとりの感情はきわめて根本的なものを有しており、われわれが日常懐くようなふつうの感情にはない、絶対に揺るがぬ確信と究極的な心の落ちつきを与えてくれる。感情というものは時には人に気分の昂揚とよい意味の自信を与えてはくれるであろうが、しばらくすると、この思いは過ぎ去ってしまって、体験者の人格に何ら永続的な効果を残さぬこともあろう。それに反して、さとりの感情は全人格に影響を及ぼすものである。つまり、その人の人生観や世界観に道徳的・霊性的な影響を与えるのみならず、広く存在というものの形而上学的な解釈にもそれは及ぶのである。仏陀の体験は単に意識の円周に動く感情の問題であったのではなく、人間存在の最奥で何かが目覚めたということなのであったのである。律蔵や中部《マッジマ・ニカーヤ》経典、その他に記されている仏陀の発言も、こういった意味合いでのみ理解されるべきである。『法句経』(第一五三・一五四偈)からすでに引用した偈文の中に、次に掲げるものに似たものを見受けられるのであるが、こちら[39]の方が積極的で力動的な側面がより強く顕著に表れているようだ。

われは(煩悩を)乗り越え、すべてを知る身たり
独り悟り、師たるものはない
全世界に数多の神々ましませども

われと等しきものなし
われは真に貴きもの
われは最上の師
われはさとりを全うせる唯一者
わが心は寂静に住し
われは今や涅槃に到れり(40)

この勝利の歌は、仏陀が得たさとりの体験の最も昂揚した瞬間を表現している。仮小屋の造り主《カーラカ》の発見とその仕業の崩壊を述べた最初の偈においては、われわれは仏陀の体験の消極的な側面を見るわけであるが、勝利をおさめて昂揚した感情、つまり最高の智慧《プラジュニャー》とありのままの己れの価値の意識の自覚を描く二番目の偈では、さとりの積極的側面の全面的な表出を見るのである。

仏陀がさとりを開いた時に、心の内で目覚めた、煩悩を征服したという意識は、精神分裂の傾向を帯びた心の持ち主や、政治的・軍事的権力を振るう者たちが屢々《しばしば》懐くような、自負心の所産とは見做すことはできぬ。ところが、自我中心の欲望が木っ端微塵に砕かれたものにおいて、その勝利の意識は、存在の最も深いところから起こってくるのである。それ故、征服したという感情は存在の低い次元に属する権力闘争の結果などではない。さとりの体験は、より高次の力、より高度な洞察、より高い合一の発露なのである。それは、同じ次元に属するもろもろの力のせめぎ合う場である相対的意識の領域を超えたものである。一つの力が他の力に勝ったことを一時的に宣言することがあるかも知れぬ。しかし、こういった種類の勝利は、やがて必ずやもう一つの力の勝利によって凌駕されるであろう。これがわれらの相対的な意識のもつ性質なのだ。さとりとは、合一のより高度な領域が顕現した時にのみ、すなわち、最も根底的な合一の基盤が達成された時にのみ、人がもち得る体験なのである。

それゆえ、さとりの体験とは、山の最高峰によじ登り、そこから実在の全領域を眺望し得た時にのみ、われわれがもち得るものなのである。あるいは次のように言うこともできよう。それは多様性を抱え込んだ体系全体を支えている基盤そのものに触れた時にのみ達成される体験なのだと。ここに、何ものもさらに加えることのできぬ、限りない内容を孕んだ意識がある。すべてが満ち足りている。ここにあるすべてのものは、その意識にとっては、ありのままの顕れ方をしている。要するに、それは絶対の充実性であるところの、絶対の自然、絶対空のすがたなのである。

それゆえ、仏教哲学は、自然・空・自己同一の哲学である。それは純粋経験である、絶対の現在より出発する。それは、まだ主観・客観という差別がなく、それでいて全く空無の状態ではないところの経験である。その経験はいろいろな名称で呼ばれる。日本語では〝そのまま〟、中国語では〝只麼《しも》〟、時として〝自然法爾《じねんほうに》〟などの名称で。それにはまた多くの専門的術語がある。その一つ一つは、さまざまな関係の中で観察される独自の性質や性格を表している。

実は、この自然、あるいはエックハルトの言葉で言う〝あるがまま〟(*isticheit*)は、あらゆる性格描写や表現を受けつけぬ。それが何であるかをいかなる言葉も表現し得ぬ。しかし、言葉はわれら人間に与えられた思想伝達のための唯一の手段であるからして、次のことに留意しつつ言葉を用いねばならぬ。すなわち、目的達成のため、間に合うものは一つもないということである。〝間に合わぬ〟(サンスクリット語では、*anupalabda*、中国語の不可得)と形容すること自体、実は核心から外れている。どう言っても駄目なのである。「こうだ」ということ自体すでに自らを裏切っていることになる。自然はあらゆるものを超え、それを繋ぎ止めるものはない。いかなる概念もそれに届かず、いかなる理解もそれを摑みとることはできない。それゆえ、それを純粋経験と呼ぶのである。

純粋経験の中には、〝こうあるべきである〟と〝である〟の区別もなければ、形態と実質、あるいは中味の区別もない。それ故、その中にはまだいかなる判断もない。

そこに〝われはアブラハム以前の存在である〟というキリスト、あるいは、まだ託宣を下したことのない神もましますのである。これは、『法句経』(第一七九偈)の表現によれば、(〝その限界が無限大であるような〟*anantagocara*)、(〝道なきものであるような〟*apada*)仏陀のことである。その人のなし遂げた征服は二度と征服されざるものであり、この世の誰も供にすることのできぬ征服である。また、そこに到る通路なきものである。それが禅の師匠である場合には、どんなに醜かろうと、この多様性をもつ世界に生まれる以前、持ち合わせている汝の顔を示せと要求することであろう。

かくして、仏教の自然の哲学は、私が純粋経験と呼んだところの、われわれの意識に最も基本的に与えられているものから出発する。しかし、実際のところ、〝純粋経験〟をあげつらうことは、どこかにすでに仮定した何ものかに係わり合いをもつことであるからして、それは純粋ではなくなってしまうこととなる。『法句経』が、仏教哲学の出発点を〝道なし〟(*apada*)、〝不縛〟(*anantagocara*)、〝無住〟(*aniketa*)、〝空〟(*suñña*)、〝無形〟(*animitta*)、〝解脱〟(*vimokkha*)と言い表す際などは、この思想の反映が見られる。心理学の言葉で言うと、こういう風に表現される。すなわち〝無憂〟(*vippamutta*)、〝全面的開法〟(*sabbaganthappahīna*)、〝無畏〟(*asantāsin*)、〝無貪〟(*vitatanha*)などである。これら心理学的な術語は甚だしい誤解を招き易い。なぜかというと、それらは、皮相的に言葉の上だけで解釈されると、消極的なものを指すことになってしまうからである。しかし、ここでは詳しい説明は加えぬこととする。

このことに関して注意せねばならぬことが一つあった。それは、純粋経験は、純粋なる受動性ではないということだ。事実、そこには、われわれが純粋の受動性と称しているものなどはない。それでは意味をなさず、われわれをどこにも導くことはない。受動性もまた一種の経験である限り、受動性を体験する人がいなくてはならぬ。この者、これを体験する人は行為者である。彼は行為者であるのみならず、知るものである。彼は体験することを意識するからだ。純粋経験とは抽象的なもの、あるいは、受身の状態ではない。それはきわめて活動的で創造的なのである。エックハルトが次のように言う時、この思想を表明しているのである。「この意味からすると、汝の無知は欠陥ではなく、汝の人格の全うされた重要な特質であり、苦悩は汝の最高の活動なのだ。もし汝がこの誕生を自己の内に実現したいと望むならば、己の活動を抹消し、汝の感覚器官を鎮めよ(41)」。

この煩悩征服の偈文において強調しておきたいもう一つのことは、仏陀が自らを〝すべてを平らげたもの〟と呼び、また〝すべてを知るもの〟と呼んでいることである。このことは彼の勝利が絶対であって、彼の知識が断片的なものではないことを示している。

彼は全知者であると同時に全能の人なのである。彼の体験はいわば主知的なもので、同時にいわば能動的あるいは感性的なものを帯びている。そしてこれは智慧と慈悲からなる実在の本性を反映しているのである。

時には〝超越智〟とも訳される智慧については、他の場所でも私は書き記したことがある。それゆえ、ここでは慈悲について話そう。慈悲は愛に相当する。それはガンジス河の砂と同じように、あらゆる種類の生き物――象・獅子・ロバ・人間――などによって踏みつけられるが、何も不平を言わぬ。また、いろいろな動物たちによって撒き散らされる汚物によって汚されるが、それらすべてにじっと耐えて、決して悪意ある言葉を洩らさぬ。エックハルトであるならば、ガンジス河の砂を〝公正〟(*gerecht*)であると言明するであろう。なぜかというと、「公正な人びとは意志というものを全くもたぬからである。神がどんなものを望みたもうても、彼らにとっては全部同じことなのである。たといそれらが彼らにとってどんなに不愉快であろうとも(42)」。

公正な人たちは強く正義感に燃え、したがって全く私欲がないので、何ごとをなすにつけても、地獄の苦しみや天上の喜びなどは全然気にかけない……。公正な人にとっては、何ごとであれ、正義に反するものほど耐えがたく、苦痛に感じられるものはない。換言すれば、生起してくるあらゆるものを公平に同じことと感じないことほど、耐えがたいものはないのである。(43)

〝正義〟なるものは愛の観念とは正反対にかなり律法主義的な感じがする。しかし、エックハルトもそれを解釈しているように、正義が、ひとたび〝えこ贔屓《ひいき》のない平等性〟〝同様であること〟〝普遍性〟あるいは〝包括性〟といった感性的な視点から考察される時には、それは仏教の慈悲の観念に近づき始める。またさらに次のように付言してもよかろう。すなわち、大乗仏教は慈悲の観念をさらに発展させて、本願（*pranidhāna*）あるいは〝宿願〟（*pūrvapranidhāna*）の観念へと押し進め、菩薩の一人ひとりをある一定の数の本願の化身たらしめたのである。例えば、阿弥陀如来には四十八の本願があり、普賢菩薩には十願があり、地蔵菩薩にもまた十願があるというように。本願（*pranidhāna*）は一般に〝誓い〟（*vow*）〝熱烈な欲求〟（*fervent wish*）〝祈り〟（*prayer*）あるいは、単に、〝意志〟（*the will*）と訳されるが、これらの英語の術語は大乗仏教で用いられている通りの梵語の全面的な意味を伝えてはいない。大まかに言えば、われらはこの本願（*pranidhāna*）というのは、個別的な、項目別の、特殊な愛であって、かつ各人が日常生活の間に、それぞれ出会う現実的な状況に適用できうるようになった愛であると解してよかろう。阿弥陀佛は衆生《しゅじょう》が往き生まれてほしいと願う浄土をもっているし、文殊菩薩は智慧を本質とする菩薩で、自分のところにやってくるものにはそれなりに超越的な智慧をふるまいたもう。

このようなわけであるからして、初期仏教の教えで大いに強調されている〝煩悩の止滅(*tanhānam khayam*)〟は、否定的に理解されてはならぬことが分かるであろう。仏道の修行は、渇愛(*tr̥ṣṇā*; *taṇhā*)を慈悲(*karuṇā*)に、自我中心の愛を普遍的なものに、エロースをアガペーに変換することに帰着するのである。

趙州《じょうしゅう》(七七八―八九七年)が、

「仏さんでも煩悩(*kleśa*)を懐くことがありますか?」

と、問われた時こう答えた。

「あるとも。あるにきまっている」。

訊ねた者が、

「どうしてそんなことがあり得るのでしょうか?」

と、迫ると、師はこう答えた。

「仏の欲望とは全世界を救おうというものじゃ」。

ある日、趙州のところにもう一人の客がきてこう訊ねた。

「この僧堂の境内の一角にあると言われる、石橋は大変な評判ですが、実際見てみると古ぼけた丸たん棒にすぎないではありませんか。どうしたことでしょう?」

師は答えた。

「あんたには丸太は見えるかも知らんが、石橋は見えぬ」。

「では石橋って何のことですか?」

と、客が問い返した。師の返答はこうであった。

「それは馬も通すし、ロバも通すわい」。

ある人の本願は安全に渡るにはあまりにグラついているが、他の人のは強力かつ広大であって、その上を何でも無事に通してくれる。渇愛というものが断ぜられたとしても、それは存在の基盤そのものに達しているもう一つの根っこをもっていることを忘れてはならぬ。さとりの体験を得たならば、このことはよく自覚できる筈《はず》である。もっとも、仏教者は大抵、宗教体験の慈悲の側面を導き出すことを怠りがちであるが。これは彼らが躍起となるあまり、さとりへの途上に横たわっている障碍物をすべて破壊し尽くしてしまおうと急ぎすぎることによるのである。というのは、このことに成功したら、その結果得られるはずのものは、自己の始末をする術を十二分に心得ているので、成行きに任せられることを彼らはよく承知しているからである。燃え盛る火が鎮火せしめられると森は外部からの助けを待たずして、自らその生物学的な機能を再開するであろう。人が毒矢で討たれた場合、最初になすべきことは、その矢が筋肉の中にあまりにも深く固定してしまわぬ中に、それを取り除くことである。そうすれば、身体は自分の持っている活力により、傷を癒《いや》すことだろう。人間の煩悩も同様で、まずなすべきことは無知と自分中心の思いの根を断つことである。これが十分に為し遂げられると、智慧と慈悲からなる仏性はその生得の活動を開始するであろう。自然法爾《じねんほうに》の原理は静止的なものでなく、躍動する力に満ちたものなのである。

さらに一つ大燈《だいとう》国師の法語を引用して、この仏教のさとりの体験の考究の締め括りとしたい。日本や中国では仏がさとりを開いたのは十二月八日の暁であると、ものの本に書かれている。ある期間深い三昧に沈潜した後、彼がふと空を見上げると、そこには暁の明星が明るく輝いているのを目にした。即座にこれに誘発されて閃光に似たあるものが彼の意識を突き抜け、彼の真理の探究に最後のとどめを刺した。彼はそれまで背負い続けていた重荷が両肩から外されたかのように感じ、存在全体から安堵の深いため息をついたのである。禅の修行者は殊にこの出来事を想い出すことに留意し、毎年十二月八日にはいつも記念の行事が行われている。

大燈国師が法堂に姿を現すや、一人の僧が席を立ち、一連の問いかけを開始した。

「聖典の記しているところによりますと、菩薩はこの日さとりを開き、それ以降如来として知られるようになったとのことですが、彼が暁の明星を目撃した時、心の内で何が起こったのですか？　そして何が解ったのですか？」

師は答える。「きれいさっぱりじゃ！　全く空っぽじゃ！」

僧「眼の中に一片の塵があっただけでも空中にいろいろな幻の華を見ることになりはしませんか？」

師「あんまり無駄口を叩くな！」

僧「この線で行っても宜しいでしょうか？」

師「わしの杖に訊け、杖の方が良く知っとるわい」。

僧「これまで通り今日も順調です。なぜこのことをお認めくださらぬのですか？」

師「他でもない。まだ、ものを二つに見ておるからじゃ」。

僧「このお言葉がなければ、私はきっと師の見処を見損なっていたでしょう」。

師「お前さん、言葉でわしを殴る気か」。

僧「真正直ならば、恥じるものなしです」。

師「お前さんのような奴は掃いて棄てるほど居るわい」。(44)
そこで、大燈国師は簡略な垂示を与えた。

月は澄み寂然たり
星は明るく輝く
ここに釈迦ましまさず
一体誰のさとりの噂話なのか？

ここで、国師は杖を真っ直ぐ掲げ、次のように言い放った。
「汚物の上に汚物を重ねおるわい」。

Ⅲ 〝一刹那〟とさとり

一

エックハルトの次のような言葉が、インゲの『宗教の神秘主義』(*Mysticism in Religion.* 三九頁)の中に引かれている。

魂と神との結びつきは、魂と身体とのそれよりは、はるかに内面的なものである……。では訊くが、神の中に埋没してしまった魂はどんな有りさまであるのか？ 魂は自分を見つけることができるのか、あるいはできないのか？ この問いに対しては、私の心に映ずるまま、次のように答えよう。魂が自らを見出すのは、およそ理性を備えた人間誰もが、自らに関する自己理解をもつ時点においてである、と。魂は神の本質という永遠性の中に沈潜するのだが、その根底にまでは決して到達できぬ。それがため、神は、魂が転じて我に還り、自己を見出し、しかも自らを被造物であると自覚する「一刹那《せつな》」(微《かす》かな一点)を残しておかれたのである。

エックハルトから引かれたこの件《くだ》りで言及されている〝一刹那〟に関しては、次のような興味深い議論が起こされるであろう。私はディーン・インゲがこの件《くだ》りをどこで見つけたのかは知らぬ。この点を論じ尽くそうと思うなら、この言葉の現れる脈絡全体を心得ていることが望ましいことだろう。しかし、ここではともかく、われらの持ち合わせているエックハルトの哲学の大よその知識の範囲内で先へ進んでもよかろう。

ある人はこう主張する。エックハルトがここでわれらに告げていることは、人は実在の根底、すなわち〝神の本質の最奥の核(根底)〟に到達することが不可能であるということだ、と。この解釈によれば、〝およそ理性を備えた人〟と〝神の本質の永遠性〟との間には超えることのできぬ断絶がある。それゆえ、神はわれらに〝一刹那〟を与えたもうた。われわれ理性的人間は、それによって自らをふり返り、われらは結局のところ、有限な被造物であって〝神の核〟あるいは〝神の本質〟に埋没してしまうことを永遠に妨げられているということに気づかされるというのである。

また、別の人がいて次のように考える。すなわち、数々の説教の中でエックハルトが披瀝した全体的な思想傾向から推しはかると、彼はここでは必ずしも神の根底とわれらとの間の断絶は絶対超えることができぬ、と言おうとしているのではない。事実はむしろ逆で、彼は自らこの断絶を乗り越え、そして、合理性の支配するこちら側に戻ってきたのだ、ということを言わんとしているのだ、と。この人は次のように主張するだろう。すなわち、もしエックハルト自身が自らその超えられぬところを渡ったのでなければ、彼は「神が一刹那を残したもうた」などと、恰《あたか》も自分が神自身であるかのように、どうして言うことができたであろうか？ と。言葉を換えて言えば、理窟の上から言っても、エックハルトが「そこには断絶があり、しかもその断絶は乗り越えることができぬ」と言う時、彼はすでにそこに行ってその断絶を見、実際それを調べ上げ、乗り越えられぬということが分かったに違いない、ということなのだ。

われわれの相対的な物の考え方では、有限なるものは無限なるものからはっきり区別され、それらは一つに為し得ない。それらを統合する方法はないのである。しかし、概念というものに一層立ち入って分析してみると、一は他を含み、あるいは他に参与しており、しかもこの含有・参与の故に、われらの思いの中では一は他から区別されるに至っているということが分かるのである。統合の故に解体が可能なのであって、その逆も真なのだ。有限は無限であり、無限は有限だということはこの意味においてである。

しかし、ここに見逃してはならぬ一つの微妙な勘どころがある。すなわち、有限なるものは無限なるものだという時、これは相対的に有限であるものがそのまま無限であるとか、無限に関しても同様であるということを意味しているのではないということである。両者はすべての相対観念が拭い去られると、互いに相手の中に入りこんで一つになっているのだ。よって、われらは相対界のレベルでこの拭い去ることを企てぬよう、よくよく注意せねばならぬ。というのは、もしそんなことをすれば、更に拭い去る操作が必要となるであろうし、これは限りなく続けられることになるであろうからである。この点こそ、多くの知識人がつまずき、自らの賢さの犠牲となる場所なのである。

彼らが乗り越えられぬ断絶と、そこで引き戻される一点について語る時、彼らが忘れていることは何かと言えば、まさにこう語ることによって彼らはすでに乗り越えられぬところを渡っており、向い側に自らを見出しているという事実である。これは彼らは事実上そこに居るのに、乗り越えることのできぬものは常に向い側に取り残されていると思う、物を二つに分けて考える習性によるものなのである。われわれは実在を二つに分割して見る習性をもっている。疑いもなくそのものをもっているのに、われわれはああだこうだと議論に時を費やし、しまいにはそれをもっていないという結論に達する始末である。これは偏《ひとえ》に一つの紛れもなき実在を二つに分割してしまう人の習性に基づいており、その結果、わが〝有〟は〝有〟ならず、わが〝非所有〟は〝非所有〟でなくなってしまうのだ。現に通りつつあるのに、その断絶は乗り越えられぬと主張しているのである。

エックハルトが「神は一刹那を残したもうた」と言う時、これは私見によれば、われわれすべては有限の存在、つまり〝被造物〟であり、それゆえ、そうである限り、われらは〝決して根底にまで達することができぬ〟という事実をわれらに思い起こさしめるためなのである。しかし、われらが〝神の本質という永遠性に埋没している〟限り、すでに根底に達しているのである。こここそ、われらが神自身の存在となっている場所なのである。われらが神の残したもうた〝一刹那〟を徹見する時にのみ、われらは自身に返り、被造物であることを自覚するのである。この〝徹見〟が分岐であり、さまざまな形の枝分かれが生起し、われらはもはや神ではなく、エックハルトも言うように、われらはもはや〝一に向かう一《いっ》なるもの・一《いっ》なるものから由来する一・一《いっ》なるものの内なる一・一《いっ》なるものの内なる一《いっ》なるもの……と無限に続く系列のいずれ〟でもなくなるのだ。これこそ正に〝時が介入してくる時点であり、また、永遠なるものの外の存在であるところの、時に属するさまざまな物事が介入してくる場所〟なのである。(1) われわれはみな、時と、時を超えたものとを二つ並べて考えるが、なぜ時を超えたものの中の時、時の中の時を超えたものに注目しないのだろうか？

二

神の残したもうた〝一刹那〟は、禅者の言うところのさとりに相応する。この一刹那に触れる時、われわれは、さとりを体験するのだ。さとりを得るとは二方向――神の道と被造物の道――を同時に見ることができるエックハルトの〝一刹那〟の上に立つことを意味する。これをもう一つの言葉で表せば「有限が無限で、無限が有限である」ところと言い得る。この〝一刹那〟は無限の意義を孕《はら》んでおり、エックハルトがさとりを得ていたことは間違いない。

エックハルトの〝一刹那〟は眼であるとも言えよう。すなわち、「私が神を見る眼は、神が私を見たもう眼と同一である。私の眼と神の眼は一つで同じものである。――つまり、見ること、知ること、そして、愛することにおいて一つなのである」(2)。エックハルトは言う。「もし私の眼が色彩を見分けようとするならば、それはまずどんな色彩の印象からも自由でなければならぬ。もし私が青や白を見たとするならば、眼で見る側と見られるものとは同一なのである」と。もし、見るものが見られるもので、見られたものは見ることと変わりないならば、〝神の本質の永遠性の中に埋没すること〟は、〝根底に到達すること〟なのだ。というのは〝永遠性から逸脱した根底〟などというものは、そもそもあり得ぬからである。根底とは神の本質であり、埋没とは到達のことであるからだ。

しかしながら、エックハルトが乗り越えられぬ壁があるという教理を、実際は説いているのではないかと思われてくるのは、われらが本来、神と一体であるとか、われらが神の本質の核心(根底)から出てきたとかいうことよりは、むしろ、われらが被造物にすぎぬことを、ここでは、われわれに想起させようとしているかに思われるからである。ここに言及されている〝一刹那〟は、われらが自らふり返って、有限なる被造物であるにすぎないという事実に思いを致す契機とさせられているわけであるが、実際どういう結果を齎《もたら》すかとなると、その〝一刹那〟は逆方向に作用して、われらを神性に真っ直ぐに導く役割を荷《にな》っているのである。エックハルトはこの神技を為し遂げることのできる人を貴い人(貴族《エーデル》)と呼び、次のような定義を下す。

だから私は貴い人とは、神と共にあり、神の中に在って自己の存在、自己の生活、自己の幸せを、神からのみ汲んでいる人であって、決して神に関する知識、完全性、神に懐く愛の深さなどといったものに依らぬ人であると言うのである。だからして、われらが主は、いみじくも次のように言《のたま》うのである。永遠の生命とは神を唯一の真の神として知ることであって、神を知ることができるであろうというような知識の問題などではないのだ(3)、と。

これによれば、エックハルトは知識を二種に分けている。一つは神を唯一の真の神と知る知識、もう一つは神に関する知識を通じて神を知ることである。第二の知識は、〝被造物が明確な理念によって見透《みとお》されるような薄明の知識〟であり、片や第一の方は〝被造物が神の内で知られ〟、かつ、〝その中で被造物が差別なしに見抜かれ、神御自身である一《いつ》なるものの中であらゆる観念が斥けられ、あらゆる比較が取り除かれるような〟〝暁の知識〟である(4)。このような知識こそ、また、理窟の通用しない知識と呼ぶことができぬものであろうか？　これこそ、人が〝一刹那〟によって、すべての被造物、すべての差別、すべての比較、すべての観念が取り除かれて、神の道に立ち戻らされた時、神を自らの内、自らと共にあるままにしておきながら、人が獲得するものではないであろうか？　先の文章もその中から引用したのであるが、エックハルトは「貴き人」の中で次のように述べている。

およそ差別あるところ、一《いっ》なるものも、存在も、神も、それ以外のものも、幸いも、満足も見出されぬ。それ故、神を見出すにはかの一《いっ》なるものに成れ。そして勿論、君が全くかの一《いっ》なるものでありさえすれば、差別というものがあるところでも、君はそのままで留まることだろう。異なったものは皆、君にとってかの一《いっ》なるものの一部であり、もはや君の邪魔となることはないであろう。(5)

差別のあるところには〝一《いっ》なるもの〟も〝存在〟も見出すことはできぬが、諸君が〝その一《いっ》なるもの〟〝丸ごとその一《いっ》なるもの〟と成った時、すべての差別、あらゆる異なったものはそのままの状態にさし置かれ、すべてかの一《いっ》なるものの部分となり、華厳思想の言葉で表せば、何ら妨げとなることはない。しかしながら、実を言えば、もしすべての異なったものが、かの〝一《いっ》なるものの部分〟とされないなら、差別は決して差別のままで留まっている筈はないのである。尤《もっと》も筆者自身はどうかと言えば、一《いっ》なるものと関連した〝部分〟という表現を好まぬのであるが……。〝すべての異なったもの〟は部分ではなく、実は一《いっ》なるものそれ自体なのだ。恰《あたか》も寄せ集めれば全体を構成するような部分ではないのだ。〝部分〟とは事実を裏切っている言葉なのである。

エックハルトは続けて言う。

「一《いっ》なるものは、たった四箇の石の中と同様、何千万もの石の中においても同じ一《いっ》なるものであり続けることに変わりはない。千の千倍も四と同様単純な数にすぎぬ」と。

この数という観念が、実は理解不能な教義の根底にある。理解することの可能を不可能から区別し、有限を無限から区別する考えは、二元性、つまり一を二で割った観念から由来するもので、これらは完全に対立し、全く妥協の余地なく互いに排除し合い、二こそが、他方へ心が通ることを不可能ならしめているのである。この一《いっ》なるものは数の範疇に属するものではないが、理知的に硬直した心が、それを己の次元にまで引き下ろそうとするのである。言葉も心を相手に伝え表すのに便利な手段となってはくれるが、それをおよそ人間のもち得る最も深い体験を表すために使おうとすると、われわれは罠に陥ってしまい、どうしてそこから脱け出せばよいか、分からなくなってしまう。エックハルトもまた、次の引用文でも分かる通り、同様な困惑を覚えている。

人が神を見る時、彼はそのことを知っており、自分がその認識の持ち主であることを知っている。すなわち、彼は今自分の見ているのは神であり、自分が神を認識していることを知っている。ところが、一部の人びとは、わが身に感ずる幸せの核心は何かと言えば、正に神を知っているという霊性的自覚のことだというように思っている。つまり、もし私がこういう悦びを現に感じていながらその大元に気がつかぬままでいるならば、それが一体何の役に立ち、どんな意義をもっているのか、というふうに。私はこういう立場には同調することはできぬ(6)。

これによれば、エックハルトは明らかに人が単に神を知り、このことを意識しているだけでは満足していない。何となれば、彼は続けて次のように言明しているからである。すなわち、浄福は神に完全に融けこんでしまい、そのことを全く意識していないところにあるのだ、と。

　というのは、魂にそれ(つまり、自らもつ認識の一部始終の自覚)なしには幸せを感ずることはあり得ないとしても、その幸福感はそのことに帰着するのではないからだ。何故かと言えば、浄福の基盤は、魂が中間に何の介在もなしに神を見ることであるからだ。この時、魂は神の本体(根底)からその存在と生命を受けとり、その本質を汲みとるからだ。神の根底は、認識を懐く過程や何か他のものに対する愛を意識しないのである。その時、魂は神の本性の内で至極寂然としており、自己の在《あ》りかも知らず、神以外の何ものも認識することがないのだ。

ここではエックハルトは明らかに次のように考えているようだ。すなわち、知るということは、知る者と神との間の何ものかであって、神の現前など意識するようなことは、〝神の本性の中に安住〟していないことであり、また、それゆえ、ここには浄福が成立するであろうような基盤などはない、と。ふつうわれわれは、知識とは主体と客体との間から生ずるものと思っているが、もし神を知ることがそのように理解されてしまうならば、エックハルトがここで言っていることは尤も至極なこととなる。たとえば彼は次のように言う。

魂が、自分が神を見たり、心を通わせたり、知ったりしていることを意識している時は、すでにそのこと自体が退歩であり、物事の自然の秩序の上層へと急遽退転してしまったことを意味しているのだ。(7)

神を知ることを意識するということは、もしこの〝知ること〟が日常的な知識の順序に順《したが》って知ることであるならば、神に関することを知るにすぎぬ。しかし、エックハルトは次に掲げる一文の中でも知識に関して述べているが、彼は一体われわれにどんな知識を理解させようとしているのであろうか？

なぜかと言えば、人は自らと一なるものとの双方の内に一致点を求めつつ、自ら一なるものと成っていなければならぬからである。これは何を意味するかと言えば、人は神を見る時、神だけを見なければならぬ、ということだ。それから更に、彼は〝帰って来〟なければならぬ。このことは言い換えれば、人は神の認識をもつと同時に、自分の認識の自覚をもっていなければならぬ、ということなのだ。

ここで彼の言わんとしているのは、一体どんな認識なのだろうか？　この認識の中には主体と客体の分裂があるのだろうか？　もしこれが神と人とが全く一つであるという認識だとするならば〝自分の認識の自覚をもっている〟とは何を意味するのだろうか？　エックハルトが、続いてわれわれが〝神の認識をもたねばならぬ〟と言い、また、われわれが〝帰ら〟なければならぬと告げる時、それは、われわれはとどのつまり〝浄福の基盤〟をすべて放棄して、物ごとの自然の秩序に退くことを意味しているのであろうか？〝浄福〟と、まったく一つであるという認識との間に一体どんな違いがあるというのであろうか？　浄福を歓喜することの方が〝被造物を乗り越える〟こと、あるいは〝被造物を跳び超えて〟神の認識に到ることよりも、より願わしいことなのだろうか？(8)

エックハルトは、ルカ伝(一九章一二節)の「ある身分の高い人が、王位を受けて帰ってくるために遠いところへ旅立つことになった」を引用する。エックハルトによれば、〝ある身分の高い人〟とは〝自己の存在全体と、所有物すべてを放棄して、完全に神にお委《まか》せした人〟を意味する。〝旅立つ〟とは〝無垢な存在・善良と真実性に徹し切ったと言えるほどに……虚栄ともはや袂《たもと》を分かった〟人になることを意味する。そうなれば彼は〝被造物を差別なしに見ることができるような暁の智慧〟を得たことになる。しかし、エックハルトによれば、この知識ではまだ足りぬ。身分の高い人であるがためには、さまざまな形の知識から完全に自由でなければならぬ。またエックハルトは更に続けて言う。「人は神を認識したり意識したりすることがないと、浄福などあり得ぬであろうが、そのような基盤の上で浄福を得るなどということは神の御意志ではないのだ。もし誰かが他の方法で浄福を得たいと望むなら、そうさせるがよい。私は彼を哀れに思うだけだ」。

エックハルトはここで矛盾の深みにはまってしまっている。彼は意識することを高く評価したかと思うと、次いでそれを否認してしまう。そして最後にまたそれを望ましいものであるとして再び取り上げるのである。してみると、身分の高い人が〝旅立つ〟だけでは不十分なので、彼は〝帰って来る〟ように言われるのである。彼が旅立って王位を受けるという過程においては、神と彼とは一体であるというような単なる知識は、神についての知識にすぎぬ。言うまでもなくそんな知識は心底から神を求めているどんな人をも満足せしめるような代物ではない。魂は〝中間に何の介在するものもなしに神を見、その存在と生命を受け、神の中核(根底)からその本質を汲〟まねばならぬ。しかし、これが達成された時、身分の高い人は〝帰らねばならぬ〟。なぜかと言えば、彼は〝神の認識を得た上でまた、この認識を意識していなければならぬ〟からだ。エックハルトは知識を二つの違った意味で用いているように思われる。すなわち、一つは相対的な意味、もう一つは絶対的な意味においてである。この外見上の混乱は、まさにここから由来するものなのだ。

　しかしながら、実際のことを言えば、われらが人間である限り、ありのままの実在の理解を言葉によっては表すことができぬということだ。そうしようと努めると、われわれは必ずや矛盾に陥ってしまうのだ。エックハルトは言う。「神の視野と私のとは、はるかに距《へだ》たっている――全く異質なものなのだ[9]」と。神の視野とわれわれ人間の視野が全く異質なものだと、神の視野についてこのような発言をし得る限り、彼は、彼岸、すなわち〝全く孤絶した神の本質の内なる根底〟(10)から、人間世界へこういった消息を齎《もたら》すことを可能ならしめた神の認識を、いかほどか得ていたのだと言えよう。またこうも言う。「もし私が色を見るとすれば、私は色に敏感なものを私の内に有《も》っていなければならぬ。すでに有《も》っていないならば、決して色を見ることはないであろう」(11)。神がすでにわれらと共に、われらの内におられなかったならば、われらは神がわれらといかに異なり、また、いかに似ているか――結局は同じことなのだが――を知ることができなかったであろう。このことに関してエックハルトは、聖パウロと聖ヨハネの次の言葉を引いている。「神に知られているからこそ、神を知ることができるのだ」また「われらは現にそのように見えている神を知るのだ」。あるいは映像がそれを映しだした対象と〝異なって〟いることがあるかも知れぬ。しかし、それは原型を表しており、その限りその映像はその原型に〝似て〟いると言わねばならぬであろう。映像を映像たらしめるものはその中に原型が在るからである。だからそのままで、映像は原型と正に同じくらい現実的《リアル》なのである。原型は自らの中においてと同様、映像の中に自らを見るのである。〝異なったもの〟の形をとった存在は相似性の中にのみあると言わねばならぬ。このことを自覚することが〝帰ってくる〟の意味するところなのだ。

再びエックハルトを引こう。「魂は、もし神を認識しようと思うならば、被造物を乗り越え、跳び超えなければならぬ」(12)。しかし、神を知るとは、被造物たる己れを知ることなのだ。神を知るとは、エックハルトによれば聖書の中で言及されている身分の高い人のように〝旅立つ〟ことであって、彼が〝帰ってくる〟とは、神を知ることにより、被造物としての己れを知ることを意味しているのだ。魂が神を知った時、魂は自らが神と一つであることを認識するに至り、同時に、自己がいかに神とは〝異なっている〟かに気付くのである。〝旅立つこと〟は〝帰ってくること〟であり、その逆もまた真なのである。この円環的で矛盾した運動こそ、われらの霊性的体験を特徴づけているものなのである。ある禅の老師が杖を聴衆の前に持ち出して言った。「もし君らが杖を持っているなら、君らに一本やろう。もし持ち合わせがないのなら、君らから奪ってやろう」と。与えるとは奪うことであり、奪うとは与えることなのだ。後でこのことを聞いたもう一人の老師は自分の所見をこう述べた。「君らは皆持っている杖を捨ててしまえ!」。杖が行く手を邪魔している限り、相似も相違も、あるいは、通れるも通れぬも、決して問題に最終的な決着はつかぬであろう。

三

われらを自己に立ち返らせて、われわれは皆、結局のところ被造物にすぎないと気付かせんがため残されたという、エックハルトが示した〝一刹那〟という考えは、大いに示唆に富み、豊かな意義を宿している。大半の読者は、このような表現は、ややもすれば自分達自身の宗教体験に本当に触れているわけではなく、むしろ哲学的な論述の主題となり得るような、一般的で非人格的なものと見做してしまうであろう。勿論こういった受け取り方をしたとて、その表現にはこの問題に直面した人の個人的な体験が反映していると理解する限りにおいては、何ら差し支えはない。

私見に従えば、エックハルトの〝一刹那〟は静止したままなる単なる一地点ではない。それは動いている。いやむしろ転回している。しかも、この活動は常時行われているのだ。換言すれば、その一点というのは生きている点であって、死んだ点ではない。それゆえ、われわれがこの点に到れば、神はわれらを被造物としての自覚の方向に引き返すようにされるかも知れぬが、しかし同時に、神はわれらにその点のもう一つの側面を想い起こさせることを忘れないのだ。もしその点が静止していて、たった一つの方向にしか向かっていないのならば、われわれは方向転換して我に返り、自分達が被造物であることを見出すことすらできぬのである。われわれが返ってくることができるのは何故かといえば、われらは動き続けて神の本質(根底)を洞察することができるからだ。事実、自分達の被造物性に立ち戻りながら、われわれは常にその根底それ自体を抱えているのだ。なぜならば、それは、恰《あたか》も自分達から引き離し、道端のどこかに置き去りにし、ことによると誰かがそれを拾い上げることができるものであるかのように、置き去りにしてしまうことができぬ代物だからである。被造物性と神々しさは共に手を携えて行かねばならぬ。一方が見出されるところ、他方もまた、いつもそこにあるのである。一方を置き去りにすることは、自らと同じく他方をも殺してしまうことを意味するのだ。その〝一刹那〟なるものは、一種の軸のようなもので、その周りをわれらも神も動くのである。この真理は、人がひとたび実際にその点に到達した時、体験できるであろう。そうすれば、通過できぬという問題はもはやその人に残されていることはなく、その人は自分が果たして通れるか通れぬかを、決して自問することはないであろう。彼は今までの自分に他ならなかったのである。その一刹那の意義を知るためには、それを徹見しなければならぬ。何故かというと、神は哲学者達や神学者達に、自らの心の中にすでに造り上げた理論を更に押し進めることを助けんがため、その一点の存在に関して討論させようとして、それを今ある場所に据えられたのではないからである。

ある人びとは次のように言うかも知れぬ。すなわち、「もしその〝一刹那〟が、結局われらに被造物にすぎぬことを自覚せしめんがために存在するのであるならば、神の本性の永遠性を窺《のぞ》きこむ必要性などどこにあるのか？　われわれは誰でも皆、その〝一刹那〟に到達しなくとも、自分達が被造物であることくらいは心得ている」と。しかしながら、これは議論のための議論にすぎぬ。この〝一刹那〟を見ることによって、この世で惹き起こし得る最大の変異を齎《もたら》すのである。われわれは確かに相互に相異なった被造物であるに違いないが、この〝一刹那〟に出遭った後は、もはやもとと同じ被造物ではないのだ。われらは今や神の内に、神と共にある被造物であるので、被造物的な被造物ではないのである。あるいは、こう考える人たちも居るであろう。すなわち、その〝一刹那〟は、永遠にわれわれをして神と袂を分かたしめる。そして、それを離れたら、われらは神を永久にその向こう側に置き去りにしてしまったことになる、と。ところが事実はその正反対なのだ。われらがその〝一刹那〟に呼び止められて、自分自身のところに戻って来る時、われわれはその周辺のあらゆるものを捕捉し、それらをそっくり抱え込んだままでいるのだ。もしそうでないとしたならば、われらは神性の空の内に深く埋没し切っているであろうし、それはわれらの被造物性の終焉を意味しているのである。何故かといえば、神性が無量の中味をもっていることは、万物の被造物性の中にのみ表現され得るからである。

私はこの〝一刹那〟を、乗り越えることができぬという教義を支持するために用いることは、当を得ていないと思う。他のいくつかの箇所で、エックハルトは〝一刹那〟の考えとは全く矛盾した発言を行っている。例えば、彼の行った説教の一つ「神性の内へ」(13)を見ると、次のように言っている。

どんな些《ささ》やかな被造物であれ、被造物のほんの端くれであっても、君の注意を惹く限り、君はおよそ神を全く見ることはないだろう。だから、「愛の書」において魂は次のように言う。「私はわが魂の愛する人を探し廻ったけれども、見つけることができなかった」と。魂は天使達やその他多くのものを見かけたけれども、その魂の愛する人は見つからなかった。しかし、魂は続けて言う。「その後、少し先へ行ったら、私の魂の愛する人をとうとう見つけた」と。それは恰も魂が次のように言ったかのごとくである。「私が魂の愛する人を見つけたのは私が被造物たることを超え出た時であった」と。魂が、もし神を知りたいと思うなら被造物を乗り越え、あるいは、跳び超えねばならぬのである。

この説教は「ほんの僅かでも執すれば、もはや汝は我を見ないであろう」というもので、この意味は、エックハルトによれば、「どんなに少《ささ》やかであっても、もし何ものかが魂に付着しているならば、君は我を――つまり神を――見ることができぬ」ということなのである。また、「どんな被造物も神のようになることを求めている。もし神を探《たず》ねることがないならば、多くの天体そのものも回転してはいないことだろう。もし一切の物の中に神がましまさぬなら、大自然も活動することはないであろうし、何かを欲求するということもないであろう」。そして、この欲求とは、純粋な本質の内なる神を見たいと望むことなのである。(エックハルトはさらに続けて言う)

もし外側を覆っているすべての殻が魂から取り除かれ、またすべての神を覆う殻もはぎとることができるなら、神は魂に自らを直接、絶対無条件に与えたもうであろう。しかしながら、魂のまとっている外殻が手つかずのままである限り――それらがどんな軽微なものであっても――魂は神を見ることはできぬ。たとい身体と魂の間に、それが一筋の毛幅程度でも何かが介在するならば、魂と神との真の合一はあり得ないであろう。もし形あるものに関してそうであるならば、霊性的なものごとについてはどれほど真実であることか！　だからして、ボエティウスは次のように言う。「もし君がそのものズバリの真理を知りたいと思うなら、喜び・懼れ・自信・希望・そして失望などを退けよ」。喜び・懼れ・自信・希望・そして失望――

これらは皆神と魂との間に介在するものであり、すべてこれ周りを覆う殻なのだ。君がそれらにこだわり、また、それらが君に付着している限り、君は神を見ることはないだろう。

以上記したことは、示唆に富み、大いに啓発される発言である。それによりわれわれはエックハルトの哲学的思索の核心を窺《のぞ》き見ることができるのである。彼はわれわれが神性を置き忘れるようなことは決して望まない。彼はただわれらが外殻を斥けるように、またもし、われらが神に纏《まと》わせたもの以外に何か着けているならば、神にもその外殻を取り外すように願うのだ。もし両者の間に何らかの合一か一体性というものがあるべきであるなら、われらも神も、共に一糸纏わぬ状態であらねばならぬ。一糸纏わぬ状態であるとは、空っぽになることだ。何故かといえば、神と被造物の両者は、光も陰も存在しない絶対空(*śūnyatā*)の場に立った時のみ、手をつなぐことができるからだ。

この主題に関してわれら自身、更に啓発されることを期待しつつ、エックハルトの他の発言を考えてみよう。次の引用文は「神においては差別はなくなっている」(14)と題する説教からのものである。

人の最後の、そして最高の別離は彼が神のために、神と別れを告げる時である。聖パウロ(15)も神のため神と別れを告げて、神より受けることができたかも知れぬすべてのものと彼が差し出し得るすべてのものを、神について懐く個々の観念もろとも放棄したのである。それらのものと決別するにあたって、彼は、神のために神と別れたとはいうものの、そういう彼に対して、神は自性の内なる神として尚留《とど》まっていたのである。その神のあり方は、神はこういうお方だと誰にも想像される神としてではなく、またいずれこうなるべき筈《はず》だと思われている姿でもなく、むしろ、神の真にあるがままの自然のあり方(*isticheit*)の神だったのである。すると彼は神に何かを差し出したのでもなく、また、神から何かを受けたのでもないのだ。というのは、彼と神とは一単位で、つまり、純粋の一如であったからだ。

このような発言は、彼と同時代のキリスト教徒達には極めて異常であると、――否、神聖冒瀆的であるとさえ思われ、衝撃を与えたことであろう。そしておそらく、今日のキリスト教徒達にも未だにそう感受されていることであろう。しかし、仏教的な見地からすれば、それらの発言は何ら奇怪なものでも、風変わりなものでも、驚嘆するに値するものでもなかろう。それらはむしろ仏教思想を表現する際の常套語《じょうとうご》である。しかしながら、エックハルトはこれらに留まらずに続けて言う。

神が万物に与えたもうものは皆似通っている。また万物は神から出てきたものなので似ているのである。……一匹の蚤《のみ》でも神の内に存する限り、自己生得の権利として、最高の天使よりも上の地位にいるのだ。かくして、神の内においては万物は平等であり、神御自身であると言ってよい。……この似ており、同一であることを神はあまりにも喜びたもう余り、その中に自らの徳性とものがらすべてを注ぎ込まれるのだ。喩《たと》えて言えば、神のこの喜びは、土地が平らで滑らかな緑のヒースの上を思う存分走れ、と解き放たれ、芝生の上を全速力で疾走する一匹の馬の喜びと同じ位大きいのである。――というのは、これが馬の喜びであり本性を顕すものだからである。それは神にとっても同様なのだ。同一性を発見することは神の喜びであり、狂喜でもあるのだから。なぜかと言えば、神はいつでもその本性の全体をその中に籠《こ》めることができるからだ。――そもそも神は、一体性そのものなのである。

これは著者の側における霊性的な直覚の、すばらしい表明ではないだろうか？　このようなところにわれわれは、神が例の〝一刹那〟の背後に取り残されたままでいないで、

〝その徳性とものがらすべて〟を曝《さら》け出して、芝生の上にお出ましになっているのを見るのである。神は何も匿《かく》し立《だ》てされぬ。神は馬のように闊歩《かっぽ》される。鳥のように歌われる。花のように咲かれる。乙女のように踊ることすらしたもう。型にはまり、中世の旧習を墨守《ぼくしゅ》する心しかもたぬキリスト教徒達と共に生活していたエックハルトは、自己表現に幾分窮屈な思いをしていたと見えて、禅の老師ほど思い切った表現には至らなかった。もしそうでなければ、エックハルトは〝木馬を嘶《いな》かしめ、石造の人を踊らしめ〟ることは禅僧と同じくらい易々と遂行していたことであろう。

ある意味では、この〝一刹那〟は仏教で言う一念（サンスクリット語の *ekacittakṣaṇa*; *ekakṣaṇa*、中国語の一念）という概念に相当するものと考えられるであろう。もし私の理解に誤りがなければ、エックハルトの〝一刹那〟は、神性のありのままの姿の中での転機をなすものである。神性がそのままのあり方に留《とど》まっている限り、つまり、その何ものにも覆われぬ姿にある限り、それは空それ自体で、そこから発せられる音もなく、そこから発する匂いもなく、それは〝慈愛・智慧・あらゆる欲望を超えている〟[(16)]。神性は、仏教哲学者達が言うように、全く近づき得ず、獲得することができないのだ。しかし、神性が残してくれたこの〝一刹那〟のおかげによって、神性は〝魂をそれ自身に立ち返らせて自己発見をさせ、そして自己が被造物であることを自覚〟せしめることによって、被造物と触れ合うに到るのである。魂が自らの被造物性を意識するに至った時こそ、それがまた神が被造物との接触を自覚される時でもあるのだ。あるいは、これが創造ということなのだと言うことができよう。説教（第二八）の中に次のような言葉がある。

そこから私がやってきたところの母胎(17)に戻ってみると、神などはなく、私は単なる私であった。私は何も望みも欲しもしなかったのだ。というのは、私は純粋な存在で、神の真実によって自己を知っているものであったからだ。その私が私を欲したただけで、他の何ものをも欲しなかったのだ。それに、私は私の欲したものであったし、私はかつての私を欲したことになる。だからして、私は神とかその他のいかなるものにも拘束されずに存在していたのだ。けれども、私が自分の自由意志から離れて、被造物としての存在を受けとった時、その時、私は神を持ったことになる。何故かと言えば、被造物が存在する前は、神は神ではなくして、むしろ神の前身であったからである。ひとたび被造物が存在するにいたり、被造物性を身につけるにいたるや、神はもはや本来のあり方のうちにある神ではなく、被造物と共存する神となったのである。(18)

神性は、自ら被造物に縁を結ばんがためには神と成らねばならぬ。世界の創造主としての聖書の神は、もはやかつての神ではない。彼は世界を創造することによって、今の自己自身を創造したのである。しかし、この神すら、時の次元において考えられてはならぬ。時間の上の神は相対的な心の創り出したもので、その限り、彼は神性から遠く距たっているということができる。彼はわれわれと同様、被造物の一員にすぎぬ。エックハルトは言う。「もし一匹の蚤が、自分がそこからやってきた神的存在の永遠の深淵を探し出す知恵をもつことができたならば、神は神として存在する一切のものをもってしても、その蚤に充実と満足を与えることができないであろうと言ってもよかろう(19)」。時の中に置かれた神は、もし蚤のまさしき本性の中に分け入ろうとするならば、蚤の知恵を有《も》っていなければならぬ。魂の中でこの知恵が生起することを示さんがために、エックハルトの言葉を用いるならば、この〃一刹那〃という表現が仮定されたのである。

Ⅳ　永遠の光の中に生きる＊

一

ある哲学者の定義によれば、永遠とは〝その中においては、ある時はどんな出来事も未来であり、別の時には現在であり、また他の時には過去であるような、時の無限定の広がり〟[1]だという。

これは確かに興味深い定義の一つではあるが、〝無限〟とは何であろうか？　〝始めもなく、また、終わりもないこと〟なのであろうか？　では、始めもなく終わりもない時とはどんなものをさすのか？　時は、永遠が無ければ定義され得ず、時なくして永遠も定義され得ないのであろうか？　また永遠とは、過去と未来の両方向に向かって永遠に進みつつある時のことであるのか？　それとも時とは無数の断片に刻まれた永遠のことなのか？

むしろ時を表すには、永遠の象徴的表現をもってする方が、われらの理解あるいは想像を容易にしてくれるかどうかを考えてみよう。

例えば、詩人ならば、永遠に関してどんな表現を用いるのであろうか？

先日の夜、私は永遠を見かけた。
それは限りなく清らかで巨大な輪のようなものだった。
その姿全体は明るく円満であるままで寂《しず》まりかえり、
その直下では、何時間、何日、何年と分断された時が、巨大な影のように、大気に
突き動かされており、
その内側では、世界とその眷属すべてが乱舞しているばかりだった。(2)

バートランド・ラッセルも指摘しているように、(3)右のヘンリー・ヴォーンの詩は明らかに、プラトンの『ティマイオス』に示唆されたものである。その中でプラトンは言う。

そこで、理念的な存在の本質は永遠ではあったが、この属性を全面的に被造物に与えることは不可能であった。それゆえ彼(神)は永遠の動的な影像を持たねばなら

ぬと決心し、天の運行を調えたとき、彼はこの影像を数量に従って永遠ではあるが動的なものとし、他方、永遠自体は統合性の中に憩わしめたのである。そして、この影像をわれわれは時と呼んでいるのである。というのは、天が創造される以前には、日も夜も月も、年も存在しなかったからである。しかし、彼が、天を形造ったとき、彼はそれらをもまた創りたもうたのである(4)。

さらにプラトンが続けて言うには、天と時はあまりにも密接に縫合されてしまったため、一方が解消してしまうと、他方もまた解消の憂き目に遭うということになるのである。

そこで、時と天は順序から言えば、同じ時間に現れ出て、創造された仲であるがため、彼らに解消ということが起こるとするならば、一緒に解消してしまうであろう。こういった仕組みは永遠の本性に則《のっと》って形作られたものであるので、この作品はでき得る限りこの事を記憶していることだろう。何故ならば、その型は永遠の昔から存在しているのだし、創造された天も常にこの様であったし、現在この様であり、またこの様であり続けるであろうから。

天は永遠である。そして〝太陽と月と五つの星〟は、〝時の諸形態であり、時は永遠に倣って数量の法則および、それのみが真の実在であって、生成することはない永遠の本質の動きつつある影像に従って回転する〟のだ。五官を通じてわれわれが見ているのは、天自体・神の御心の内にのみある原初の永遠の存在それ自体ではないのだ。それゆえ〝永遠の光の中に生きる〟ためには、神の御心の内に入って行かねばならぬ。「そんなことは可能だろうか?」と訊ねる人がいるかも知れぬ。しかし、問題は、この目的を達成できるかどうかという可能性ではなく、この必然性である。というのは、もしそうでなければわれわれは昼夜を分かたず、何ヶ月とか、何ヶ年とかの単位で測られる時に制約されてはいるものの、このわれらの生涯ですら生き続けて行くわけに行かぬからである。そこで私はこう言いたい。すなわち、必然的なものは可能なるものであると。永遠が〝時の諸形態〟の中に姿を現そうと自己否定を行った時、永遠は決して〝時の諸形態〟を全く孤立無援のまま放置してはおかなかった。永遠は否定はされたものの、それらの中へ入りこんだに違いない。永遠が、動きつつある、変化しつつある時の感知できるもろもろの形態にまで自己否定を行った時、永遠はそれらの中に隠れてしまったのである。それらをつまみ上げてみると、それらの中に〝永遠性の萌芽〟が見られるに違いないない。〝過去〟と〝未来〟は〝現在〟の中にあるに違いない。有限なるものは永遠の世界に属するすべてのものを含み、携えているに違いない。それゆえ、時の中で生成を続けているわれわれは、永遠に〝存在する〟ところのものを見ることができるに相違ない。これがスピノザの言う「永遠の相の下に」神が見給うように世界を見ることなのである。

永遠は、人間の有限性が係わりをもっている限りにおいて一種の否定と見られるかも知れぬが、この有限性は常に変化し生成し、つまり、自己を否定しているからして、実際否定的であるのは世界それ自体で、永遠ではないのである。永遠なるものは、絶対肯定でなければならぬ。それを限られた人間の理解力しかもたぬわれわれは、否定的な言葉で定義を下すのである。われわれは、世界をこの肯定の中で見なければならぬ。これこそ神が世界を見給う様式であって、すべてのものを全体の一部分として見ることなのだ。〝永遠の光の中で生きる〟ことは、これ以外のことであるはずはないのである。

プラトンの翻訳者、B・ジョウェットは『ティマイオス』の解説の中で次のように記している。

仏教ばかりでなく、ギリシャ人も、キリスト教哲学と同様、人間の心が、物ごとを一刀両断に否定し去る情熱を持ち合わせていることが、十分あり得ることを示している。……永遠あるいは永遠なるものは時間的に無限であるにとどまらず、あらゆる存在のうちで最も真実であり、あらゆる現実の中でも最も現実的なるもの、あらゆる知識の中で最も確実なるものであって、このことをば、われわれはただほの暗いガラスを通してようやく見ることができるのである。(5)

ここでジョウェットが言及している情熱は、〝単に物ごとを否定し去ること〟に対するものではなく、また、〝ほの暗いガラスを通してようやく見える〟ものに対するものでもない。それは有限なる人間の側から出てくるものである筈《はず》はない。それは実に有限性のうちにあって、現にある有限性をそうあらしめている永遠それ自体から由来するものでなければならぬ。論理的な視点から単なる否定のように見えるものが、実は物ごとのそのままのあり方なのだ。われらの思考の単なる論理性を超越することができぬ限りは、誰の心のうちにも情熱などというものはあり得ぬであろう。骨髄に徹するほどわれわれの存在を奮い立たせるものは、否定からではなく、肯定というのっぴきならぬ大いなる事実から由来するものでなければならぬ。

二

仏教は西洋の学者たちによって、ふつう消極的なものと見做《みな》されている。龍樹《りゅうじゅ》の「八《はっ》不《ぷ》」の教義に見られるように、この見解をややもすれば正当化してしまいそうなものが、仏教にはあることはある。その「八不」なるものは、

生もなく
死もない。
始めもなく
終わりもない。
自ら一なるものはなく
他と別であるものもない。
初めて生起するものはなく
存在しなくなるものもない。(6)

龍樹が法(究極の実在)について立言可能なすべての表現を否定することによって何を目ざしているのであるかといえば、それはそれによって彼の言う「中道」を明らかにすることである。中道は単なる無ではなく、否定し得るものをすべて否定し去った後に残るあるものである。その別の名称は不可得(捉えられぬもの)であって、『般若波羅蜜多経』はこの不可得を説いている。この矛盾した論述のより深い意義を明らかにするため、それが一体どういうことを意味しているのかをこれから述べてみよう。第Ⅱ章の中で紹介した話をまた引用する。

中国・唐の時代にこの教えに精通した偉大な学者がいた。その名を徳山(七九〇—八六五年)という。彼にとって、中国の南で急激に盛んになりつつあった仏教の中の禅の一派は、全く気に入らなかった。禅宗を論破しようとして中国南方の西蜀(四川省)を旅立った。

彼の目ざしたのは澧州《れいしゅう》にある禅の修行道場であった。その近くまでやってきた時、彼はお茶でも飲んで一休みしようかと思った。彼は道端の茶店に立ち寄って、おやつを注文した。彼の背負っていた荷物を見て、その茶店を出していた婆さんがその荷物は何かと訊ねた。徳山は、

「これは道氤《どういん》の書いた『摩訶般若波羅蜜多経』の一部である『金剛経』の大事な注釈

だ」。

と答えた。（すると老婆は）

「ではお訊ねしますが、もしお答え下されば無料《ただ》でおやつ（餅）を差し上げましょう。お答えにならないなら、どこか他所《ほか》へ行ってください」。

と言った。

「何を訊きたいんだね？」

と、僧が問う。

「『金剛経』に〝過ぎ去った心は摑《つか》めない。未来の心も摑めない。そして、現在の心も摑めない〟という言葉があるそうですが、もしそうなら、あなたがそう区切ろうとしている心とはどんな心ですか？」

ここで一言注釈を加えておく必要がある。中国語で〝おやつ（餅）〟（点心）というのは、文字通りに解すれば、〝心を区切る〟の意だ。この言葉がどんな起源をもっているのかは分からぬ。茶店の主人は〝おやつ〟に関連させて〝心〟について『金剛経』を引いたのであったが、そこでは心は、時の観点からして過去・現在・未来の何れの形においても〝捉えられぬ〟ものである、とされていた。もしそうであるならば、その僧が〝区別〟したいと思う〝心〟などもちあわせている筈はないわけだ。かくして彼女の問いが出てきたのである。

徳山は途方に暮れてしまった。なぜなら、彼はありきたりの概念的解釈の線に沿ってこの経を研究して居《お》っただけなので、そのような問いに出遭うなどまったく予期してはいなかったからである。彼はその問いに答えることができず、茶にありつけないで、その場を立ち去らなければならなかった。

時間を超越する方法を知らぬ輩《やから》は、当然のことながら永遠それ自体である涅槃を達成することなど望むべくもないと匙を投げてしまうことであろう。涅槃の達成がなぜ無理かというと、それを時、すなわち生死(*saṃsāra*)を超えたものであるかのように思って、この転変して止まぬ世界の向こう岸にそれを求めるからである。涅槃は生死であり、生死は涅槃に他ならぬのだ。それゆえ、永遠・涅槃をば、時・生死が動いて止まぬ場において捉えねばならぬのだ。時の外ではおやつをとることはできぬ。とることが時なのだ。とることはともかく達成することには違いないが、しかし、達成できぬものの中で行われるのだ。というのは、この達成できぬものがなければ、達成でき得るすべてのものは、達成できるものではなくなるであろうからだ。この逆説的性格こそが人生のしるしなのだ。

時は把《とら》えどころがない、つまり、摑みとることは不可能である。外側から見当をつけて時を把えようとすると、われらはありきたりのおやつにさえありつくことすらできぬ。過去・現在・未来の時の流れの中で時を対象的に摑もうとすることは、それは恰も己れの影法師を摑まえようとするようなものだ。これは絶えず永遠を拒絶しているのと変わりない。手に入れることのできぬものは内側より摑まねばならぬ。その中で、それと共に生きていなければならぬ。動いたり変化したりしつつ、人は動きと変化そのものに成り切らねばならぬ。エマーソンは「梵天《ブラフマー》」という詩作の中で、時の変わりつつある形、動きつつある姿の中での〝一《いつ》なるもの〟として、永遠をば次のように頌《うた》っている。

私を除け者にするような連中は、
勘違いしている。
私を吹き飛ばそうとしても
私は翼そのものに他ならぬ。
私は疑う主体であり、疑いそのものだ。
梵行者が讃歌を頌《うた》うとき
私こそその讃歌に他ならぬ。

〝疑うものと疑い〟が一つであるところ、そこに梵天が〝永遠の本質の原型〟として居り、それこそとりも直さず神自身に他ならない。〝疑うものと疑い〟が分けられ、時の前後に置かれる時、どの瞬間の中にも二元分別が生活の中に割り込み、永久に永遠の光を曇らせてしまうのだ。

〝永遠の光の中に生きる〟ことは、万物の一体性と、全体性の中に入りこみ、その事実に即して生きることに他ならぬ。これこそ日本人が〝ものごとを(ありのままの状態において)そのまま見る〟ということなのである。またこれは、ウィリアム・ブレーク(7)の言葉でいうと〝掌の平に無限を摑んでみよ、すると永遠とは一時の間だ〟ということでもある。

スピノザ流に言えば、物ごとを神の見たもうごとく見るとは、永遠の相の下にそれらを見ることとなのだ。しかしながら、人間の価値判断はすべて時と相対性に制約されている。大抵の場合われら人間にとり〝一粒の砂の中に世界を見、一輪の野に咲く花の中に天を見ること〟は難しい。われらの五官への感触からすると、一粒の砂は全世界ではないし、野の片隅に咲く野生の花は天ではない。われわれは分別の世界に住んでおり、特殊な物事を考察することを契機として、情熱が生ずるのである。スピノザ、ブレークも、その他、東西の賢人も一様に薦めてくれていたように、マイスター・エックハルトもそうするようにすすめているように、われらがそれらを〝平等に〟〝一様に〟見るなどということはできぬ相談なのである。テニソンがひび割れた壁のすき間から一輪の野草をつまんで手にとり、その花に思いを寄せた時、これと似たような心持ちであったに違いない。(8)

三

こういう世界の見方がいかに難しいものであるにしても、われらの大多数にとり、奇妙に、あるいはむしろすばらしいと思われることは、時折われらが時間的、相対主義的見地を超えることがあるという事実である。人生というものが生きるに値し、死というものがわれらのあらゆる試みの終末でもなく、また、仏教徒のいわゆる〝渇愛〟(*tṛṣṇā*)が、大悲心(9)の根元から直ちに発生するものであるからして、それはわれらの予想以上に、深い根拠をもっているものであると気付くのは、正にこのような時である。

十七世紀の日本の俳人、芭蕉の例を引いてみよう。彼の俳句の一つに次のようなものがある。

よく見れば
なずな花咲く
垣根かな

なずなとは小さな野草の花である。それが咲いていても格別の美しさも持ち合わせておらず、その事実はほとんど気付かれぬ位である。しかし、時機到来すればそれは咲き、創造の始めから決められていたように、生命あるものに要請されているすべてのことを成し遂げるのだ。それ以外のいかなる生命あるものとも同様、それは神から直《じか》に到来したものである。そこには何らの卑しさもない。そのつつましやかな輝きはあらゆる人間的作為を凌駕している。しかし、われらはふつうその側を通り越してしまい、些細な注意をも払おうとはしない。そこを通りかかった時、芭蕉は生け垣の茂みの下で、周囲のものから見分けにくい、たおやかな頭部をつつましやかにもたげているなずなに、妙に感興をそそられたに違いない。この俳匠は自己の感情を全く表明していない。彼は〝神と人〟などには全然触れず、また〝根こそぎ、丸ごとのお前の正体〟を理解したいなどという願いなどを表明することもない。彼はあまりにも目立たぬ、それでいて天上の輝きに満たされているなずなを単に目に留めただけで、永遠の光のまっただなかに立っている〝存在の神秘〟を思惟することに心奪われたまま、歩みを進めるだけなのだ。

この時点で東洋と西洋の違いに注意することが大切である。テニソンがひび割れた塀の中で花を見つけた時、彼はそれを〝手折り〟、手に執って、それについての思念を続ける。神と人間、事物の総体的あり方、そして人生の捕捉しがたきことなどに関する自分の抽象的な思いを。これは西洋人の特色であろう。

彼の心は分析的にはたらく。その思いは物事の外面、対象的側面の方に向けられる。花をば塀の割れ目の中でそのまま咲き続けるようにしておかずに、テニソンはそれを手折って自分の手に執ってみなければならなかった。もし彼が科学的な心の持ち主ならば、きっとそれを研究室に持って行って、解剖し、顕微鏡の下で観察したことであろう。あるいは、いろいろな化学薬品の中で溶かし、焔の上にかざしたりして試験管の中に容《い》れてよく調べたりすることであろう。彼はこれら一連の実験を鉱物・植物・動物・人間とさまざまな条件を通じて行うであろう。彼は、死体であれ、生体であれ、人間の身体を取り扱う時にはちょうど一片の石に向かうときのように、無造作でこだわりのない態度をもってするであろう。これもまた一種の永遠の相の下にというか、むしろ完璧な〝平等性〟において世界を見ることなのだ。

科学者が調査・実験・観察をしおわると(尤もこの〝時期〟は予測できぬが)、彼は進化論・遺伝学・発生学・宇宙進化論などさまざまな形の抽象的思考に耽《ふけ》ることだろう。もし彼の気質がもっと抽象的思考に傾いているならば、その思弁的気分をもっと発展させて、存在の形而上学的な解釈の方へもって行くだろう。テニソンはそこまで行かぬ。彼は具体的なイメージを取り扱う詩人なのだ。

これらすべてを芭蕉と比べてみると、自己の体験を取り扱うのに、東洋の詩人はいかに異なっているかが分かる。第一彼は花を〝摘み取〟らず、千切《ちぎ》ったりもせず、それを見つけた場所に、そのままにしておく。彼は花をその環境の総体から引き離さず、そのまま、それ自体をでなく、その状況にあるありのままの姿において思念を凝らすのだ。ここで〝状況〟というのは、その最も広く深い意味においてのそれである。もう一人の日本の詩人は、次のように野の花のことを述べる。

これら野に咲く花々を
手に触れてよいものかしら？
わたしはそれらを、そのまんま
三千大千世界に在《まし》ます
諸仏に捧げよう！

ここには尊崇・神秘・驚異といった崇高な宗教感情がある。しかし、これらの情感が皆、顕わには強調されているわけではない。芭蕉はただ〝よく見る〟ことにまず言及するが、これも別に草叢《くさむら》の中で何かを見つけようといったような目的意識をもった意図に導かれて起こされた行動ではない。単に何気なしにあたりを見回したところ、普段人に気付かれもせずに慎ましやかに咲いている花にふと出遭ったのである。彼はかがんで、それを〝よく〟見たところ、なずなであることが分かったのだ。彼は知られざる源泉の輝かしさに参与しつつも、飾り気のない素朴なそのたたずまいに深い感銘を覚え(10)ているのである。彼は自身の懐く感情については一言も言わぬ。最後の二音節〝かな〟だけを除き、どの音節も客観的に述べる。ただし、この〝かな〟は英語に置き換えることはできぬ。できるとすれば、唯一の例外は俳人の主観的感情をほのめかす唯一の印である感嘆符ぐらいであろう。たった十七文字を超えぬ詩形である俳句一句の中に、その時、芭蕉の心の内を横切《よぎ》ったことすべてを表すことはもとよりできぬ。しかし、俳句がこの様に極度に言葉数の少ない警句的表現になっている事実にこそ、用いられた一つ一つの文字に、作者の秘められた内的感情の強さが籠《こ》もっているのである。もっとも、読者には、行間に何が秘められているかを発見する重要な仕事もまた委ねられているのである。俳人は十七文字を連ねた行間に、読者に注意してほしいことを二、三含めて示唆するだけで、後は読者の共感的に、あるいは同感的に活き活きと働く想像力によって、それらの内面的な関係を満たしてもらうことを期待しているのである。

四

西欧の心理学者達は一体感、感情移入、あるいは参与等の理論に関し言及するが、ここではむしろ一如性の教義を詳述してみたい。

感情移入や参与ということは実在の二元論的解釈に基づいているが、一如性はいかなる意味においても、二元分割がまだ起こらぬ前の実在の根元の中へより深く参入している。この観点からすれば、参与ということは一層理解し易くなるであろうし、より理に叶い、論理的に頷けよう。何となれば、同一性という認識の裏付けのないところに、参与ということはあり得ぬからである。相違が語られるのは、一如性という前提あってのことだからである。二という思いは一という思いに基づいている。一なくして二は決して理解され得ぬであろう。この事実を髣髴《ほうふつ》と思い描く一助として、トラハーンの『瞑想幾世紀』の次の一節を読んでみてほしい。

大海原そのものが己の血管の中を流れ、天空をわが身に纏《まと》い、幾多の星の王冠を被《かぶ》り、そして、我こそは全世界のたった独りの継承者だと見做すに至るまでは、汝は決して世界を正当に味わい尽くしたというわけにはいかぬ。この世界に住んでいる誰も彼もが、汝と全く同等に我こそは唯一人の継承者であると自認しているからには、尚更そうであるに違いない。(11)

また、次のような一節もある。

毎朝天空の中で目覚め、父なる神の宮殿に居ることに気付き、天空や大地や空気を天上の喜びと見、自分が天使の仲間の一人であるかのごとくすべてのものを尊崇する思いを抱くに至るまでは、この世界を正当に味わい尽くしたということにはならぬ。(12)

ここに述べられているような感情は、二元分別の感覚によって意識が支配されている限り、決して理解できぬであろう。参与とか一体感といった考えは原体験の知的解釈であって、他方、体験それ自体に関する限り、いかなる二元分別的な思いも存在する余地はないのである。しかしながら、知性が出しゃばって、体験をば知的取り扱いに都合の良いように分別したり、二分したりして解体してしまうのだ。すると原初の一如は失われ、現実を粉々に打ち砕いてしまうという知性特有のやり方が幅を利かすようになってしまう。参与とか一体感などということは知性分別の結果なのである。原初体験の持ち合わせのない哲学者はそれに耽りがちである。

トマス・トラハーンの『瞑想幾世紀』の一九五〇年版に解題文を書いたジョン・ヘイワードによれば、トラハーンは「神智と洞察の体解者であり、その強烈な想像力は現象の纏《まと》うヴェールを透視して、純潔無垢な原初のすがたにおける世界を再発見することを可能ならしめた」のだと言っている。これはエデンの園を再び訪れることであり、知恵の樹がまだ実を結ばなかった楽園を取り返すことを意味している。ワーズワースの「予知」は、忘れ去られた永遠なるものへのわれらの憧憬にすぎぬ。それは、われらの今や絶えざる習性となってしまった知的分別を齎《もたら》すことになった禁断の知恵の木の実を、われらが口にしたということに他ならぬ。しかし、神話に倣って表現すれば、純粋無垢な原初の棲家《すみか》をわれわれは決して忘れ去ってしまったわけではない。すなわち、われらが知的分別に屈服し、抽象的な思考に耽っている時でも、とうに置き忘れてきてしまって、きちんと整理された一覧表には載っていない何ものかを、われらは絶えず微かながらも意識しているということだ。この「何ものか」とは、ありのままの現実、つまり、存在のそのままの状態の原初体験に他ならぬ。〃純粋無垢《イノセンス》〃とは聖書の言葉であって、存在論的には仏教で謂《い》わゆる〃そのままであること〃に相当する。

ここでさらに、永遠を見透《みとお》す眼が始めなき過去と同様、終わりなき未来をも見渡しているかに思われる、トラハーンの発言を引用してみたい。彼の『瞑想』なる本は、深い宗教体験から生まれたすばらしい洞察に満ちている。その体験は自己の原初の純粋無垢なるすがたを発見したものの体験に他ならない。

この崇高《けだか》くこの現世をはるかに超えた見事な嬰児《みどりご》の魂に一目触れたいと、もし、君が願うならば、こう表現してみたい。私が母の胎内ですでにもっていた清浄無垢な認識と、この世に生まれた時に持ち合わせていたかの天上の光明は、今日に到るまで一貫して所有している最善のもので、その内において私は宇宙全体を見透すことができる……。

楽園に居た頃のアダムですら、子供時代の私以上に可愛らしく、好奇心に満ちた世界認識を持ち合わせてはいなかったことは確かである。

私が無知であったことこそもっけの幸いであったのだ。私は恰《あたか》も純潔清浄なる領地に連れ込まれた人間のようであった。そこでは物みなすべて汚点なく清らかで輝いていた。まことに、その環境は疑いもなく骨の髄までわが身と一体化し、悦《よろこ》びに溢れ、希有《けう》のものであった。罪業・訴訟・法律などが存在することも知らなかった。貧窮・抗争・悪業など夢想だにしなかった。泣きわめいたり、ごたごたすることなどは一切私の眼には入らなかった。万事が平穏で屈託なく永遠性を帯び、疾患・死去・不和・強制はおろか、他人への捧げもののことや自らの生きる糧のことなど知らず仕舞いであった……。

与えられている時はすべて永遠で、絶え間なき安息日であり……万事元のまま、然るべき場所に安住しつづけていた。白日の光の中で永遠性は真の姿を顕し、万物を裏付けている何か測り知れぬものが顕れ出ていた。それが私の期待する心に語りかけ、私の意欲を刺戟した。その都は恰もエデンの園の内にあるか、あるいは、天上に建設されているかに思えた……。

五

これらの引用文に比して、禅は何と散文的で情感に乏しいことであろうか！　禅は山を見るとそれは山であると言ってのけるだけだし、川にしてもそれは川だと言うだけの話だ。二十年の厳しい修学のあげく雨戸を持ち上げて戸外の景観を見た長慶は、すでに達成した禅の悟りをすっかり失って、次のような言葉を発したのみであった。

何としたことか！
何としたことか！
雨戸を上げて外界を見るとは！
もし人あって余が心境を問わば、
すぐさま其奴《そいつ》の口元を払子《ほっす》でしたたかに、
ぶん殴ってやるわい。

ここで長慶は雨戸が取りのけられた時、何を見たのかは言わぬ。ただそのことに関して問われる、正にそのことが気に喰わぬだけだ。それに留まらず彼は問者の口を固く閉ざしてしまう挙に出さえする。人が一語を発して〝これ〟とか〝あれ〟とか言おうとしただけでも、その表出そのものがすでに的外れであるということをよく心得ているからだ。これは例えば別の老師が雲水たちの集まりの真っ只中へ「仏陀とは誰か?」と問うた修行僧を引っ張り出してきたようなものである。その時のその老師の発言はこんな具合だった。

「一体この僧はどこで仏陀を見つけようというのだろう。全く馬鹿気た問いではないか?」

実際のところ、われわれは皆一人一人が仏陀当人である事実を忘れがちである。キリスト教的な表現を用いれば、われらはみな神の似姿に造られているということだし、エックハルトの言葉で言うと、「神の本性は私の本性であり、それ以上でも以下でもない」(13)ということになる。

このことに関して、神の本性は絶対一なる世界においてと同様、多様性の世界においても認められるという趣意を述べているもう一つの禅の公案を例示してみるのもあながち無駄ごとではあるまい。その一則はわれらに対して、「神が私を知るごとく、私は神を知る、それ以上でもなく以下でもなく、常にこの通りである」というエックハルト流の消息を明示している。これは物事をあるがままに知り、それらをそのままの状態で愛し、あるいは、「単に物事が公平であることそれ自体を好む以外の何ものでもない」[14]だけの話だ。換言すれば、「とり立てた理由もなしに神を愛する」ということだ。禅は世間の俗事からあまりにも距たっているように見えるがために、禅とエックハルトの間には、今、私がここで示そうとつとめているほど密接なつながりなど全くないという意見に承服させられる人もあるかも知れぬ。しかし、実はエックハルトが多くの場合、心理学的・人格的な術語を使っているのに対して、禅は形而上学的な、現世をはるかに超え出た世界に浸りきっているのである。しかしながら、神と人間の一体性がどこで認識されるにせよ、次に述べるような禅者の発言はかなり理解し易いことだろう。

徳川時代の日本の偉大な禅僧、白隠(一六八五—一七六八年)は、よく知られている著書『槐安国語《かいあんこくご》』(五巻)の中で、舜老夫が一人の老練な禅の居士と交わした問答を引用している。舜は宋代の僧だが、この問答が行われた時は未だ青年であった。尊敬置《お》く能《あた》わざる禅僧の芳情に浴したいとやって来る新参の僧に問いかけるのが、この居士のいつもの流儀であった。ある時、新参者との間にこんな問答が交わされた。

問「完全に磨き抜いた古い鏡をどう思うか?」

答「天を照らし地を照らす」。
問「磨く前はどうだ？」
答「黒くして漆のごとし」。

その居士はこの新参の僧を引きとらず、十分な資格に欠けると見放してしまった。その僧は自分の老師のもとへ帰って訊ねた。

問**「未だ磨く前の古い鏡とは？」
答「漢陽はここからさほど遠くない」。
問「磨いた後は如何？」
答「鸚鵡《おうむ》洲は黄鶴楼の前に在《あ》る」。

正に舜老夫と交わされたこの問答こそ、若僧の心眼を、この時の主題・古鏡の意義に即座に開かしめたと言われている。ありのままの〝鏡〟は磨くことなどに用事はない。どんな仕方にせよ、磨こうが磨くまいが、同じ古い鏡であることに変わりはない。エックハルトは公正とは平等性のことであると言う。というのは、〝裁く資格のある人たちは自らの意志を全くもたぬ。神が何を望まれようと、彼らにとっては皆同じこと〟だからである。

さて、白隠は次のような問答を引用する。(15) ある僧が南嶽懐譲《なんがくえじょう》(七四四年歿)の門弟、魯祖山の宝雲に次のように問うた。「語らずに語るにはどうしたらよいか?」と。これは「矛盾律を超えるにはどうしたらよいか?」と訊ねたに等しい。考え方の基本をしっかり把握すれば、神を考えることなどない。エックハルトも言っているように、「被造物の内なる神のありようは、このようなものと人が想像したり、これから捉えねばならぬ何ものかでもなく、むしろ、その本来性である〝そのまま〟に他ならぬ」。(16) これは一体どのような神なのか? 神はわれらの思いを全く超えたお方であることは確かである。もしそうであるとすれば、われらが神についてあれこれ思念を凝らすようになったのはどうしたことか? エックハルトによれば、神のことを〝こう〟だとか〝ああ〟だとかいうのは神を否定することになるという。神は肯定・否定に拘《かか》わりなく、あらゆる術語表現を超えている。ここでの僧の設問は、つまるところ、同じ形の板挟みにわれわれを追いつめてしまう。

魯祖山の宝雲はこの僧の問いに直接答えずに「君の口はどこにあるのか?」と問い返す。

すると、その僧は「口などありはせぬ」と答える。洵《まこと》に残念！　ながら、設問の真最初からして挑戦的姿勢で臨んだ。何故かと言うと、「肯定・否定の両者を同時に用いて、どうして現実を表し得るか？」という謎へのはっきりした答えを要求したからである。しかしながら宝雲が「君の口はどこにあるのか？」と反問した時、漸く言い得たことは「口などありはせぬ」だったという。宝雲の方が、一枚上手だった。その僧がどの辺りをうろついているかを素早く見抜き、彼が二元分別を未だ超えられぬままでいることを見てとって、宝雲は「ではどうやって飯を喰うのか？」と追い討ちをかけた。その僧は返答できなかった。（ここでの問題は、この事柄全体の理解を彼が持っていたかどうかである）

後に、もう一人の老師、洞山がこの問答を聞いて、自己の了解を次のように述べたという。「別に飢えてもいないので、飯など必要とせぬのだ」。

「飢えてもいない人」こそ磨く必要のない「古い鏡」であり、「語らずして語る」人なのだ。彼こそ〝公平〟そのものであり、〝公平〟とは物ごとのありのままのことである。〝公平〟であることは、そのままであること、〝平常心〟の道に従うこと、〝腹が減ったら喰べ、疲れたら休憩すること〟を意味する。私は次のようなエックハルトの言葉をそのような消息を述べたものと思っている。「もし私が絶えず神の意志通りに行動しているのであるならば、生まれる前の私がそうであったであろうように、概念のしがらみから全く自由で、事実上の処女であることだろう」(17)。〝処女性〟というものは、いかなる知的分別にも煩わされぬことに帰着する。名指して呼びかけられたら「ハイ、ハイ」と言うのみ。道で友人に出会った時「お早う」と言われたら、こちらも、「お早う」と言うだけのこと。このことはまた次のようなキリスト教的な思想に通ずるものであろう。「もし天使が、神から木の枝から毛虫をつまんできなさいと言われたら、天使は喜んでそうするであろう。そして、それが天使の幸せでもあるだろう。それが神の思し召しであるから」(18)。

ある修行僧が老師に訊ねた。「古《いにしえ》の賢者の言葉に〝簾《すだれ》を上げれば目前まばゆい陽光に満ち、椅子をずらせば青山に迎えられる〟とありますが、〝簾を上げれば目前まばゆい陽光に満ち〟とは何を意味しますか?」と。老師曰く「そこにある水差しを寄越《よこ》しなされ」。弟子「では、〝椅子をずらせば青山に迎えられる〟とは?」。「この水差しを元あったところへ戻しなされ」。これが老師の与えた答えであった。

こういう類いの禅問答は皆ナンセンスだと思われ、読者の中にはおそらく、ここでの主題が「永遠の光の中に生きる」であるというのに、それらは主題と全く無関係で、このような書物の中では全く場違いではないかと結論づける方もあるかも知れぬ。これは世の平凡な人びとの見地からすると至極当然な批判である。しかし、キリスト教世界で最高の神秘家の一人であったエックハルトが、永遠性以外の何ものでもない〝今この瞬間〟に関して述べていることに耳を傾けてみたい。

神が最初の人を造りたまい、最後の人が消え去り、そして私がこうして語っている〝今この瞬間〟(19)はすべて神においては一如であり、神においてはたった一つの現在があるのみである。

私は終日部屋に閉じ籠もって本を読んでいたが、疲れを覚えたので、簾を上げて白昼の光を浴びる。ヴェランダの椅子を動かして周囲の青い山に目をやる。息を一杯吸って、新鮮な空気で肺を満たすと、すっかり蘇生した思いになる。お茶を淹れ、一、二杯口にしてみる。今、私は永遠の光の中で生活していないなどと誰が言えようか？　しかしながら次のようなことは忘れてはなるまい。すなわち、すべてこれらのことは、永遠性に触れる、つまり永遠性そのものである〝今この瞬間〟の意義に目覚めるからして、人の内面生活に属するでき事であるということ、そして、ここでは人の外側の生活を成り立たせている物ごとは一切関係ないということである。

六

再びエックハルトの説教（第一八）を引用しよう。

永遠性の中において、父なる神は子なる神を自己の似姿として生みたもう。〝言《ことば》は神と共にあった。言《ことば》は神であった〟。言《ことば》の本性は神と同様であった。さらに私はこうも言ってみたい。神は私の魂の中で言《ことば》を生みたもうた、と。魂が神のようであり、神が魂のようであるだけに留まらず、神は魂の中におられる。なぜならば、父なる神は子なる神をば正しく永遠性の中に生みたもうがごとく人の魂の中に生みたもうのであって、それ以外ではないからである。好むと好まざるとに拘わらず、神はそうせざるを得ぬのである。父なる神は絶えず子なる神を生みたもうが、さらに、神は私を子なる神としてだけでなく、ご自身のごとく生みたまい、また、自らを私のように生みたもう。いわば、御自身の性と存在の内に――。かの最奥の源泉においては、私は聖霊から発生する。それは、一つの生命、一つの存在、一つの行為だ。神のなしたもうことすべては一つで、それゆえ、神は子なる神を生みたもうがごとく私を生みたまい、そこには差別などは全くないのである。[20]

これは何と強力な、大胆な発言ではないか？　しかし、それは絶対真実であることは疑い得ない。けれども、次のことは忘れてはなるまい。すなわち、エックハルトの説教の真実性は、われらを永遠の光の中に据えたところから由来するのであることを。われらが、神の御心でなく、自我の意志を追求する有限な時間性の中に存在する被造物であり続ける限り、われらは決して自らの内に神を見出すことはできぬであろう。〝父なる神〟〝子なる神〟〝聖霊〟〝生むこと〟そして〝似姿〟といったようなキリスト教的象徴を参照する段になると、読者はおそらく一体どんな意味で仏教徒がこういった術語を用いるのかと不審に思われるかも知れぬ。しかし、実を言えば、象徴は結局象徴なのであって、内面的意義さえ把握されるならば、好きなように用いればよいのである。何よりもまず意味の中に分け入り、象徴にまつわる歴史的・実存的な障碍物を排除することだ。そうすれば、仏教徒もキリスト教徒もヴェールの内部を見透かすことが出来るであろう。

聖書にでてくる神はシナイ山上でモーセに自分の名前を〝我は有りて在るものなり〟と告げたという。これは甚深微妙なる発言である。なぜかというと、あらゆるわれらの宗教的・霊性的・形而上学的体験はまさにここから出発するのであるから。これは正にキリストの言葉〝我は在る〟と同じ、つまり永遠性それ自体であるということだ。他方、アブラハムは時の内なる存在なので、彼にとっては、〝いた〟であって、〝いる〟存在ではない。永遠の光の中に生活しているものは常に〝在る〟存在であって、決して〝であった〟とか〝となるであろう〟といった変化の過程に縛られることはない。

永遠とは絶対現在のことであり、絶対現在は〝そのまま〟の生活を続けることであり、そこでは生命が最高の充実性を発揮するのである。

V　輪廻について

仏教は輪廻を説くのであろうか？　もしそうであるならば、どのように説いているのか？　魂は本当に輪廻するのであろうか？

このような質問をしばしば受けるので、ここではそういった問いに手短かに答えてみよう。

一

輪廻の思想とは、こういうことである。人の死後、魂は一つの身体から他の形――天上的・人間的・動物的あるいは植物的存在へ移り変わる。

通俗的理解によれば、仏教では人の善悪の行為の結果が輪廻を左右すると考える。行為において欠けるところがなければ天界に赴く。仏教の宇宙論によれば、天界には多くの種類があるので、そのどれかに往くことになる。あるものは同種の世界に生まれ変わる。しかしながら、その行為が道徳律に順《したが》わなかった連中は死後、地獄と呼ばれる地下の世界にふり分けられる。

あるものどもは犬、猫、豚、牛、その他の動物に生まれ変わる定めになっているが、これは行為の性格によって決められる。その性格とはそれら特定の動物がもっていると一般に思われている特性を指す。例えば、豚は特に貪欲で不潔だと見做されている。かくて、そういった傾向をもつ連中は次の生には豚になるという。その他、ずる賢くて悪戯好きの連中は、ねずみや猿や狐に生まれ変わるかもしれない。このことは、スウェーデンボルグの対応の教義を想い起こさしめるものである。それによれば、地上の物ごとは、天上や地獄にもそれに対応した物ごとが存在するというのである。時には、われらは植物、いや岩石にさえ生まれることがあるという。

仏教徒が時折語る、こういった輪廻の考えについて興味深いことは、われらは天上界や地獄の世界に永遠に留まることはないということである。業が尽きれば地獄から脱け出し、あるいは天上界から降りてくるのだ。たとえ猫や犬に変わっても、常にこういう生活を続けていなくともよい。動物的生存の間でも何か良いことを行うならば、再び人間に生まれ変わるかも知れぬ。けれども、例えば、猫に隣人から魚を盗んではならぬと教えることができるかどうかは大変疑わしい……。これは日本でもしばしば見かけることだし、家で十分餌にありついていても難しかろう。

しかし、これまでのところ、一々の行為の性格によって業の力を数理的に算定する方法などを編み出した人などは居らぬ。だからして、天上や地獄の生活がどれ位長く続くものか言いあてることはできぬ。ともかく、天上や地獄を去らねばならぬ時というものは存在する――このことだけはわれらは心得ている。

当然のことながら、仏教徒は、天界よりも奈落(地獄)のことに、より深い関心を懐いている。死んで後、われらはふつう死者の魂を支配する夜摩《やま》のところに赴く。夜摩は日本語では閻魔として知られている。面前に明るい鏡を所有しており、われらが彼の前に出るとその鏡に姿を映される。その鏡はわれらの存在全体を照らし出し、その光に当てられたら何一つ隠しだてすることはできぬ。良きにつけ悪しきにつけ、すべてが有りのままに映し出される。閻魔様はそこに映ったものを見て、直ちにわれらの一人一人が娑婆に生きていた時、どんな人間であったかを見抜いてしまわれる。のみならず、彼はわれらが為したことすべてが詳細に記されている帳面を目前に展《ひろ》げている。それ故、この死後の世界の主宰者を前にしては、われらは曽《かつ》てそうであった通りの人間である他なく、彼を欺くことなどはできぬ。彼の審判は直にわれらの人格の核心を衝いて来る。決して誤りなきものだ。人を射抜くがごとき眼差しはわれらの意識のみならず、無意識までも読みとってしまう。彼は本来律法には厳しいが、慈悲心が欠如しているわけではない。何故かというと、彼は常に罪人が救われるのに役立つような何ごとかを無意識の中で発見しようと気構えているからである。

二

輪廻の思想は、それ程批判的にというか科学的な見方さえしなければ、ある種のわれらの想像力に訴えかけるものをもっている。その考えは、意識して思いを巡らせるにせよ、無意識の促しによるにせよ、それなりの賞・罰という倫理的価値を有しており、冥界の世界に君臨する死後の世界の主は、われらが各々属す世界を配当する判定を誤つことはない。この点、彼の持つ審判の鏡と閻魔帳に誤審の余地はない。こういった思想はわれわれの正義と補償の感覚にも適うものである。審判の日が到来するや、すべての罪人は悉《ことごと》く永劫の火炎の中に投げ入れられるという代わりに、慎重に量られ評価された一々の罪業がそれ相応の代償を払わされるということは、確かにわれらの持つ常識と正義の感覚に一層適っている。輪廻の教説に表明される時、この評定と配置の仕方は詩的な色彩を帯びるのである。

もし私が何か悪いこと、もしくは左程《さほど》でもない悪事でもしでかして、猫に再生せしめられたとする。猫というものは余り長生きはしないものであるからして、ほんの暫くの間、さしずめ、八年か十年ほど、この動物の姿で生きたとしよう、私の罪は償われる。そのわけは、人間の見地からすると、私は多分猫としては申し分のない生き方をしたためだ。ご褒美に、私は再び人間としての生を受ける。そこでもし、私が猫であった時のこの体験を覚えているとすれば、元猫であった私が、今私の家で飼っている母猫が子猫たちにしているすべてのこと、一緒に戯れたり、また、遊び道具にと彼らのためにトカゲや、時には小さな蛇ですらも持ってきてやるといったような様子、状景に接することは、大変興味深いことではなかろうか？

また猫だけでなく、他のすべての動物も、また植物や岩石などもこういう観点から、つまり、過去と同じように、未来にもわれらがとりうる形として眺めてみると、身近に存在する事物に対して懐くわれらの関心も、全く様相を変えて、恐らくは何らかの心底の閃《ひらめ》きの源泉ともなるのではなかろうか？

一つには、われらの周辺のそれらの事物はもはや全く無縁のものではないということとなる。局外者でも、対立物でもなくなる。逆にそれらは本性を分け持つものとなるのだ。われらはた易く彼らの姿に変身し、彼らもまた他日そのような縁に恵まれれば人間の姿に変身し得るものとなる。彼我の間には相い互いに関心が通い合う。人間と世の中の他の存在との間に、同感と相互の理解の絆が生ずる。

こういった思いに加えて、輪廻の教説は、畜生、餓鬼、阿修羅といった他の世界と並んで、三十三天から十六地獄*の世界に及ぶ全宇宙を渡り歩く機会を提供してくれる。始終闘争に明け暮れ、あれやこれやのことに苦しめられ、途方もなく飢餓状態が続くことなどは決して楽しいことではないが、いくつかの存在に移り行くことを体験し、それによって人生の意義を読みとって行くことを学ぶということは、人間の本性に叶ったことである。

地獄に陥《お》ちて苦しめられることなど誰も望まぬ。しかし、この体験あるが故に、たまたま左程快い環境に住まっていない仲間の境遇を察してあげることができるのである。

三

輪廻の教説は、われわれ一人一人が量り知れぬ長さの時間的経過のうちで、人生のありとあらゆる生きざまで旅する様子を、まざまざと描いて見せてくれる。しかるに、進化論の方は、人間存在というものを十把一からげにすべてそれらの段階を経験したるものという風に大まかに描く。これこそ科学と宗教の違いに他ならぬ。科学が抽象的にものを取り扱うのに対して、宗教は、個人や人格に係わる。従来進化論は物ごとの倫理的な意味合いには注意を払わなかった。単に主題を生物学や心理学の見地から取り扱うにすぎなかった。人類の向上的な側面に関しては、科学者たちは倫理的、霊性的要因にはさしたる定義を認めなかった。彼らは、いわゆる人類の向上的発展過程において、何にもまして人が知性をいかに用いてきたかに主たる関心を注いできた。

輪廻説は、人間存在をば、備えた倫理と宗教の観点から眺める。人間の知性には殆《ほとん》ど関心を抱かぬ。輪廻説にわれらが関心を覚えるのは、正にこの点においてである。その考えは、科学的探求に値するようなものは何ら持ち合わせてはいないかも知れぬ。しかし、にも拘わらず、それは宗教的心情の持ち主の心を絶えず惹きつけて止まないのである。

四

理論的には受肉の思想が先で、再生の考えがそれを継ぎ、最後に輪廻(転生)となったに違いない。まず何ものか、それは神、ことば、悪魔、第一原理、あるいは何か他のものが人の形をとったが、それは、人がそれを指し示すことができるように手に触れ得る、あるいは、目に見える形で自己を表現せざるを得なかった。感覚や知性で生きているわれわれは個別化ということを行うが、それが受肉である。

受肉が定着すると、自然に再生に移行する。再生が道徳的に考察される時、輪廻転生の思想となる。そして輪廻転生説は賞罰の思想と結びつけられるようになる。

輪廻はもう一つの意味合いを含んでおり、それは人間性は磨けば完璧となり得るはずだという思想である。仏陀(目覚めたもの)となる前の釈尊は多くの再生をくり返し、再生の度毎《たびごと》に六ないし十波羅蜜の行を実践したという。それにより人間存在として最後の再生において、彼は完全な人間、すなわち仏陀(覚者)になったのであった。

われわれが道徳的に自己完成する無限の可能性を持っているという考えを懐いている限り、この思想を完遂する方途を探さねばならぬ。われらは今の個体的生存を永遠に続けるわけに行かぬからして、この問題を解決するもう一つの方途がなければならぬ。すなわち、永遠に進行する輪廻という観念とでも称すべきものである。

五

このような道義的・因果応報的な面での輪廻観の捉え方のほかに、それを生きている間に経験する事柄と受けとった場合、人を楽しませてくれる局面もある。日常生活を仔細に調べてみると、輪廻転生の涯《はて》知れぬほど長期にわたる期間を実際に通りぬけてみて、はじめて体験できるであろう、ありとあらゆる経験内容が、この説の内に含まれていることに気づかされる。この世に生きている間に懐くどんな微かな感情の動きでも、天界なり、地獄の世界なり、その他、餓鬼・修羅・畜生といった中間の世界のどこかに、それに相当するものがある。例えば、怒りを発した時には阿修羅たちと共におり、喜んだ時には化楽天《けらくてん》に運びこまれたのであり、そわそわと落ち着かぬ時は猿になっているのだ。何らやましいことはないという思いを懐くことができた時、われらは蓮の花、あるいは夏の明け方早く開く朝顔のように咲き誇るのである。いわば、宇宙全体が人間の意識の中に自らを描き出すのである。言い換えれば、われらの日常生活は、無限の長期間にわたる輪廻の過程の集約なのである。

六

私の見る限り輪廻説は何らの科学的な支持を得ているようには思われぬ。よく訊ねられる最初の問いは「何が輪廻するのか？」である。「魂だ」と答えるとしよう。「では魂とは何か？」と次に問われる。魂というものは、何か実体的なものであるとか、そのほか周囲に見かけるような対象物といった類いのものとは到底考えられぬ。手で触れたり、目で見えるようなものではあり得ない。もしそうであるならば、それがどのようにして肉身の中に入りこんでくるのか？　またこの肉身が解体して他の肉身の中に移って行くとき、どうやって一つの肉身から抜け出るのか？　また自由になった魂が、入ってくるのを待ちうけている〝他の肉身〟なるものはどこにあるのか？　魂のない身体などは全く考えられぬ。新たに分解した魂を受け入れるはずの魂のない身体がどこかに存在するなど、到底想像できぬ。もし魂が肉体なしに自身を保つことができるならば、どこかに身体なき魂がうろついているのがどうして見当たらないのか？　身体なくして魂というものは存続できるものなのであろうか？

もし輪廻説が当を得たものであるならば、輪廻する何ものかがあると言わねばならぬ。

もしあるとするなら、それはどんなものか？　もし魂を一つの実体なりと確信できぬなら、それはどんなものであり得るのか？　輪廻説を立証するに先立って解答を要する設問は未だ他にも幾つかある。

七

魂をば実体としてではなく、原則としては考えることができよう。また、それが、すでに存在していて魂を受け入れる準備の整っている身体の中に入りこむ、と考えずに、自ら住まうに適した身体を創り出す、と考えることは可能である。はたらきを規定する形あるいは実体の代わりに、はたらきが形を決めると考えることはできる。この場合、魂が先立ち、身体がそれによって構成されると考えるのである。これこそ実を言えば仏教的な輪廻観なのである。

仏教哲学では〝渇愛《かつあい》〟(*tṛṣṇā; taṇhā*)こそ事物を存在せしめる第一原理であると見做す。渇愛は自己表現、つまり自己主張のために形をもつことを希求する。つまり、渇愛が自己主張を始めると形をとるのである。渇愛というものは尽きることはないので、それがとる形も限りない多様性をもつ。渇愛が物を見たいと欲すると、眼が生ずる。音を聞きたいと欲すれば耳ができる。飛び跳ねたいと思うと、鹿・兎ならびにこの種の他の動物を生み出す。空を飛びたいと思えばいろいろな種類の鳥をもたらす。泳ぎたいと思うと、水さえあるなら、どこでも魚が発生する。咲き誇りたいと思うなら花が生じ、輝きたいと欲するならば星ができる。天体を納める領域を欲するならば、星座が生まれる、など。渇愛こそは宇宙の創造主なのだ。

創造主であるからして、渇愛こそ個別化の原理なのである。それは限りない多様性をもつ世界を創り出す。自ら潰《つい》え去《さ》ることなど決してない。渇愛の最も高度で豊かな表現であるからこそ、われわれは渇愛とそのはたらきの本性に対する洞察を持ち得るのである。真に自己表現を徹見するならば、心の内で、渇愛は自己の赤裸々な姿を曝《さら》け出《だ》すであろう。渇愛は個別化された対象物ではないので、自己点検こそ、それに近づき、その秘密を暴《あば》く唯一の方途なのである。そして、その秘密を知った時こそ、われわれは輪廻の真に意味するところのものをも、理解するのではなかろうか。

野に咲く百合の花を見て、それらがソロモンの最盛期以上の輝きをもって野に散りばめられている有様が目に映る時、そう見えるわけは、実はわれらの懐く渇愛の中に花の渇愛に参与している何ものかがあるからではないだろうか？　空を飛ぶ鳥を目で追い、彼らはいかなる心配や悩みからも全く自由なのだとわれらが思う時、これはこちらの渇愛の鼓動と鳥たちの渇愛のそれとがぴたりと響き合うからではなかろうか？　もしそうでなければ、どうしてわれらはそれら生類を理解することができようか？　自然が人間に敵対的だと感じられる時でさえ、われらの心の内にこういう感情を喚び起こす何かが自然の中にあるに違いない。換言すれば、自然は(人の)渇愛を頒け持《わも》っているのである。

原子は電気を帯びた粒子の集積に他ならぬと思われるであろうが、原子は人間の心や両手によって造られた器具に応答するのではないか？　われらが原子の本性を読みとり、人類に最も破滅的な作用を及ぼす武器を発明することさえできるのは、この原子の側の応答によるからではなかろうか？　確かに原子はそれ自身の渇愛をもっており、人が原子を数学の方程式で表すことができるのは、この渇愛そのものなのである。

八

先日、この主題について議論していた時、現代アメリカの偉大な思想家の一人はこう述べた。「するとわれらの意識の中に、こういうすべての渇愛がその構成内容として含まれているということになりますかな？」と。私が人間自身と自然界全般の、いわば相互理解の基盤として輪廻転生の問題を取り上げるに当たって、私の提示する渇愛をば、大部分の読者方は、多分この人のように解釈したがるのではなかろうか？　しかし、私は次のように言わねばならぬ。「私は渇愛をそのように思い描いているのではない。渇愛はわれらの存在の中で意識を構成する要因の一つとしてあるのではなく、それがわれらの存在そのものなのだ」と。渇愛が私であり、貴方《あなた》であり、猫であり、樹木であり、岩石であり、雪であり、原子なのだ。

九

ひょっとして渇愛をば、ショーペンハウアーの生きんとする意志と対比したいと思う人があるかも知れぬが、私の言う渇愛は、彼の意志よりはもっと深いものである。その理由は、彼の考えている意志は、すでに死や破滅に抵抗して生きんと努力する意志であるからだ。意志という言葉は二元的思考を宿している。けれども、渇愛は、いわば未だ創造の仕事にとりかからぬ神のみ心の中に微睡《まどろ》んでいる。この動きが渇愛なのである。活動が渇愛なのだ。神をして「光あれよ！」と布告せしめたものこそ渇愛に他ならぬ。渇愛はショーペンハウアーの意志の背後にあるものだ。渇愛は意志より更に根本的な概念である。

ショーペンハウアーにとって、意志は盲目的である。しかし、渇愛は盲目でも非盲目でもない。何故ならば、両者とも渇愛に対して未だ付けられていない述語だからである。渇愛はまだ「何ものか」でもない。純粋意志とでも呼ぶことができるであろう。初期仏教においては、渇愛は〝縁起〟の連鎖の一環をなしており、悲しみ、怖れから解放されるためには、それを取り除かなければならぬ、とわれら迷える者に求められているのだ。しかし初期の仏教の人たちは、十分論理的ではなかったため、渇愛の観念をその本源にまで十分深く突きつめることはしなかった。渇愛が悲しみ、怖れなどにわれらを導くことから自由になりたいという彼らの努力もまた、渇愛自身のなせるわざだったのである。人間である限り、われらは決して渇愛を斥けたり、〝断じ尽くしたり〟することはできぬ。渇愛を断滅することは、確実にわれわれ自身を抹殺することに等しく、その結果を楽しむ人は誰一人いなくなってしまうであろう。渇愛は、実にあらゆる存在の基盤なのである。渇愛が存在であり、渇愛は、むしろ存在以前のものだ。

後世の仏教徒はこういう事実に気づき、渇愛を、新たに組織立てた彼らの教義体系の基本に礎《す》えた。すなわち、菩薩、万人の救済、阿弥陀佛の〝誓願〟(*praṇidhāna*)、廻向《えこう》(功徳を回《めぐ》らし向《む》けること)等の教義からなる体系である。それらは皆、渇愛の発展形態なのだ。ある禅の老師が「どうすれば渇愛を取り除くことができますか?」と問われ、

「取り除く必要があるのかな?」」と答えた。そして更にこう言い添えた。「渇愛あるが故に仏は仏なのじゃ」。これは「仏は渇愛のことじゃ」と、言ったに等しい。実際のところ釈尊の生涯全体がこの事実を明らかに示している。

十

渇愛の教説の、輪廻転生の側面に話を戻すことにする。もう一度はっきり申したいことは、この発動するがままの渇愛は、それがどんな形態を取ろうと本質的には全く同じものだということだ(これ以外考えようがない)。内面深く感知される人の渇愛は、猫や犬やカラス、あるいは蛇の渇愛でもあるに違いない。猫が鼠を追いかける時、蛇が蛙に喰いつく時、犬が樹上のリスに向かって跳び上がり激しく吠え立てる時、豚が泥んこの中で転げ廻る時、魚がゆったりと池の中で泳ぎ廻っている時、嵐の海で怒濤が荒れ狂う時、われらはそれらの中に自己の内なる渇愛が、無限の発現形態のうちの幾つかの形をとって現れ出ていると感じはしないであろうか? たくさんの星が澄み切った秋の夜空に物思いに沈んで明るい輝きを発している。夏の早朝まだ太陽が昇る前から蓮の花が開く。春が到来すれば長い冬の眠りから醒めて、死んだように見えた樹々は互いに競い合って、つややかな緑の葉を吹き出させる。こんなところにもまた、われら人間の渇愛が自己主張をしている幾つかの例を見るのではないだろうか？

究極の実在が一か二か三か、あるいはもっと多数なのかは知らぬが、私には限りなくさまざまな形に変容した、あるいは変容し得る一つの渇愛が、自己表現を行って、われらのこの世界を形成しているように思われる。渇愛は限りなくさまざまな姿・形をとり得るものなので、はてしなく変化に富んだ形をとるのは当然である。それ故、とる姿・形を決めるものが渇愛なのである。このことが、われらの意識に訴えかけていることなので、われらの意識こそ究極の根拠であって、それ以上遡りようがない。

以上のような立場から輪廻の観念を見るに、次のようなことに気づかされるのは何と興味深いことではないか。つまり、われらは死後になってはじめてそれを体験したり、測り知れぬ長い時の経つのを待つまでもなく、現世を生きている間のどの瞬間にも、輪廻そのものを現に行いつつあるという事実である。

私は輪廻ということが科学的な次元で証明したり主張したりすることができるかどうかは知らぬが、それは示唆に富み、かつ詩的暗示に満ちた教説であると心得ている。そして私はこういった解釈に満足しており、それ以上追求してみようなどという気も起こらぬ。私にとっては輪廻の考えは自分なりに大変面白いと感ずるだけで、その科学的・

哲学的な意味合いは読者の皆さんの研究に委ねたいと思う。

十一

ここで輪廻説や渇愛に関する初期と後期の仏教徒の受け留め方の違いについて、一言付け加えておくのも場違いではあるまい。すでに分かったことは、初期仏教徒のこの主題の取り扱い方はいつも否定的であるということだ。というのは、解脱・解放の側面を強調する傾向があるからである。しかしながら、後期の仏教徒たちは、こういった見方に反して、渇愛こそ最も根元的で主要なるものであり、全世界を構成しているところの人間はもとより、あらゆる生類の幸せのために必要なるものである、と強く主張したのである。彼らは、渇愛というものは悪友どもを選んでしまうと、間違った行為をなすのだと警鐘を鳴らした。それは、渇愛が相対的・心理的自我をば究極的実在であると思いこみ、あたかも人生を統轄する原理であるかのように思って、それに頼り、それと結託するような場合である。そのような時、渇愛は、最も御しがたい、しぶとい権力の掌握者に化けてしまう。初期の仏教徒が打ち克《か》とうとしたのは、本性から逸脱し、利己的衝動の虜となったこの種の渇愛に他ならぬ。実に彼らはそれを征服する代わりに、この虜《とらわ》れの状態から逃避しようとしたのだ。このため彼らは否定論者・逃避主義者になり下がってしまったのである。

後期の仏教徒たちは、渇愛こそ人間性――実を言えば、およそ存在の資格を得たものはすべて何によらず――を成り立たせているものであること、および、渇愛を否定することは自殺するにも等しいこと、それから逃避しようとすることはこの上ない矛盾であり、かつ絶対不可能な行為であること、しかも、われらをして渇愛を否定したり、それから逃れようとさせるものは当の渇愛自身に他ならぬこと、に気づいたのであった。それ故、われわれが自らのためになし得る精一杯のこと、いやむしろ渇愛が自らのためにできるすべてのことは、それを自らに対峙させ、身に帯びている障碍物や汚れを超越智(般若)によってすべて拭い去ることなのであった。そこで後世の仏教徒らは、何ものにも妨げられることなく、渇愛をしてそれなりに機能を続行させたのである。その結果、渇愛、つまり、〝飽くことを知らぬ貪欲〟は、〝大悲〟すなわち〝絶対の慈悲〟として知られるようになる。そして彼らはこれこそ仏・菩薩の本質に他ならぬと考えるのである。

あらゆるしがらみから解放されたこの渇愛は、生物・無生物を問わず、すべての存在を汎《あま》ねく救済するという目的を達成せんがため、ありとあらゆる形の変化身《へんげしん》を現し出すのである。それ故、仏陀が自らを〝すべてを征する者〟〝すべてを知る者〟と宣言する時、それは純粋な渇愛を所有しているという意味なのである。何故かと言えば、渇愛が我に返ると、すべてを征服し、すべてを知るもの、そして、すべてを愛するものとなっているからなのである。仏・菩薩が永遠に空《シューニャター》という状態に入ってしまわずに三界を経《へ》廻《めぐ》る身とならしめるのは正にこの愛、すなわち慈・悲に他ならない。しかし、この場合、それを輪廻と呼ばずに化身と呼ぶ方が良かろう。というのは、仏・菩薩は自らの発意、自由意志により、広くすべての人びとを救済するためにありとあらゆる姿・形をとるからである。その時、仏・菩薩はもはや単に受動的に業縁を苦しむ存在ではない。〝住居を設計する人《ガハ・カーラカ》(1)〟となっているのである。

VI　十字架とさとり

一

十字架に磔《はりつけ》にされたキリストの像を目にするたびに、私はキリスト教と仏教との間に横たわる深い溝を思わざるを得ない。この溝は東洋と西洋を分かつ心理学的な分離を象徴している。

西洋では個人の自我が強く主張される。東洋においては我はない。自我は存在せぬ故、磔刑《たっけい》に処せらるべき自我もないのである。

自我の考えに二つの次元を別つことができる。一つは相対的・心理学的・経験的自我、もう一つは超越的自我*である。

経験的自我は有限である。それ自体の存在はない。それがどんな主張をしたからとて絶対的価値などはない。それは他に依存するものである。これは相対的なわれらの思いが措定した自我にすぎない。それは仮定的なものであって、さまざまな条件に左右されるものである。そのため、自由がない。

では、何が一体、仮の自我をして、自らが真に自由であり、真正《まこと》なるものであるかのように感ぜしめるのであろうか？　この妄想は一体何に由来するのか？

その妄想は、超越的自我が経験的自我を通じて作用し、かつそこに内在しているがため、誤って受けとられることに由《よ》るのである。では、このように誤って見られた超越的自我がなぜ、相対的自我と誤って受けとられてしまうのであろうか？

実は瑜伽《ゆが》唯識派の、いわゆる末那識《まなしき》に相当する相対的自我は、外と内との関連性を帯びているが故なのである。

客観的に表現すれば、経験的・相対的自我は同種のさまざまな自我の一つにすぎぬ。それは多様性をもった世界の内にあり、他の存在との接触は、断続的・間接的・過渡的なものにすぎない。内面的には、その超越的自我との接触ないし関係は、恒常的・直接、そして全体的なものである。このため内側の関係は、外側のそれほど、はっきりとは認知しがたい。しかしながらそうであるからとて、その認知は全く渾然としていて、無きに等しく、われらの日常生活の上で実用的価値が全くない、というわけではないのである。

むしろ反対に、相対的自我の背後にある超越的自我を自覚することは、意識の根元に照明を与えることとなのである。つまり、われらをして直に無意識の世界に触れさせるのだ。

この内面的認知が、外側の事物に対して、われらがもっているようなありきたりの知識でないことは明らかである。

この違いは二通りの現れ方をする。日常の知識の対象は、空間・時間の内に置かれていて、さまざまに計測することができるものと見做《みな》されている。ところが、内面的認識の対象は個々の対象ではない。超越的自我は相対的自我の取り調べの対象となるように、それだけを取り出すわけには行かぬ。それは絶えず、直接、相対的自我に触れているので、相対的自我から引き離されると自らの存在を顕すわけには行かなくなる。超越的自我は、実は相対的自我であり、相対的自我は超越的自我なのである。しかも、それらは一つではなく二つであり、二つではあるが二つではないのだ。それらは知性の上では分けられるが、事実上は分けることはできぬ。一方を見る者とし、他方を見られる者とすることはできぬ。なぜならば、見る者は見られる者であり、見られる者は見る者であるからだ。

超越的自我と相対的自我のこのユニークな関係が十分に把握され、洞察されぬと、妄想だけが残ることになる。相対的自我は自ら完結したもので、思うままに振る舞うことができると思い込み、その思いで好きなように行動しようとする。

相対的自我は超越的自我を離れて独自に存在することはできぬ。相対的自我はそれ自体では存在しない。相対的自我が自らをあたかも自存できるかのように見做し、その背後にあるものの地位を横取りしてしまうのは、正に自らの正体を全く取り違えているからなのである。

超越的自我は、それを通じて自ら機能するための一つの形として、相対的自我を必要とすることは確かである。しかし、そうであるからとて、相対的自我の消失はとりもなおさず超越的自我の喪失をも意味するとまで考えてしまうほど、超越的自我は相対的自我と同一視されるべきではない。超越的自我は創造するはたらきであり、相対的自我は創られるものなのである。相対的自我というものは、己と相対峙している超越的自我に先だって存在するようなものではない。相対的自我が超越的自我から生まれ出るのであって、それに全面的に依存している関係にあるのだ。超越的自我がなければ、相対的自我も無いのである。結局のところ、超越的自我は万物を生み出す母なる存在と言ってよかろう。

必ずしも意識した上でも、また、分析した結果でもないけれども、東洋人の心情からすれば、万物は超越的自我に基づくものであるとし、また、万物はそれに帰着するものと見るのに反して、西洋人はそれ自体を相対的自我に賦与せしめ、そこを起点と見做すのである。

つまり、相対的自我を超越的自我に関連づけて、後者を出発点とせずに、西洋人のものの考え方はしぶとく相対的自我に固執するのである。しかし、相対的自我というものは本来十全なものではない。それによっては常に満足が得られず、期待を裏切られ、何ごとも惨憺たる結末を迎えてしまうことになる。その上、西洋人のものの考え方はこのトラブルを作り出す張本人の実在を信じ込んでいるので、手っとり早く事を運んでしまおうとするのである。このようなところにもまた、いかにも西洋的な物の考え方の一例を見ることができる。その理由は、彼らは相対的自我を十字架にかけてしまったからである。

東洋人のものの考え方には、事物の実体性に余り固執しないということがある。相対的自我はひっそりと事を荒立てずに、超越的自我と一体となってしまう。釈尊が涅槃に入られ、弟子たちのみならず、人間であるなしに拘わらず、有情・非情も問わず、すべての存在にとり囲まれて、沙羅双樹《さらそうじゅ》の下で静かに身を横たえておられるありさまが描かれている。これは、正にこのような理由に基づいているのだ。始めから自我という実体が無いので、十字架の必要がないのである。

キリスト教では、十字架を必要とし、実体性というものは非業の死を要求する。そしてこういう事態が起こると、何らかの形で復活するということがなければならぬ。というのは両者は併行関係にあるものだからである。パウロも言っているように、「キリストの甦りがなければ、われらの説教も虚しく、またあなた方の信仰も無駄ごとであろう。……依然として罪の中住まいであることになるから(1)」。実を言えば、十字架は二つの意義をもっている。一方は個人的、他方では全人的なものである。第一の意義は個々の自我の崩壊であり、他方、第二の意義はキリストをしてわれらの犯すすべての罪を代わって償わせるため、死に至らしめるという教義を表すのである。これら二つの場合とも死者は復活させねばならぬ。全人的な意義なくば、崩壊と言ってみても全く意味をなさぬ。われらはアダムに死にキリストに生きるのである。このことが、上に述べた二つの意義の中味として感じとられねばならぬ。

仏教において必要とされるのは、十字架でもなく、復活でもなく、さとりである。復活は正しく劇的であり、人間的ではあるが、その中には未だ体臭が残っている。さとりの中には天上的なるものと純粋な超越性というものがある。地上の物事はたえず刷新され、目ざましい変革を遂げる。地平線上に新たな太陽が昇ってくるや、宇宙全体が顕わとなる。

すべての存在が個々に、あるいは全体的に成仏するのは、この体験を通じてである。さとりの境地に目ざめるのは、ある種の歴史的にしかと捕捉しうる存在だけであるばかりでなく、その構成要素として参与している一片の塵までも含む全宇宙もそうなのである。私が指を一本掲げたとする。すると、それは三千大千世界や、平凡な人間はもとより、無数の諸仏・諸菩薩が挨拶してくれることになるのである。

復活ということがないと、十字架は全く無意味である。しかし、復活したものは昇天してしまうけれども、大地の土壌は依然として十字架に固執し続ける。ところが、さとりの場合はそれとは異なり、さとりの瞬間には大地そのものが浄土と化するのである。天に昇って、地上でこの変革があるのを待ち望む必要はないのだ。

二

キリスト教の用いる象徴は人間の苦しみと関係が深いようだ。十字架はあらゆる苦しみの頂点である。仏教徒も苦しみを大いに語り、その頂点は、尼連禅河《にれんぜんが》の畔の菩提樹下で寂《しず》かに坐禅している仏陀である。キリストは地上の生涯の終わりまでその苦しみを抱え続けるが、仏陀は生きている間にそれに止《とど》めをさし、その後さとりの福音を伝えるための旅を続け、最後には沙羅双樹の下で静かに世を去る。樹々は直立し、涅槃に臨む仏陀は永遠そのものの姿で水平に横たわる。

キリストは垂直に立てられた十字架上に力なく、悲嘆に暮れてかけられている。東洋人の心情にとって、その状景はほとんど直視するに忍びぬものがある。仏教徒にとって道端に立つ地蔵菩薩の姿は馴染み深い。その姿は優しさを象徴している。彼は直立しているのだが、それは悲しみのキリスト教的象徴と何と対照的であることか！

では、両脚を組んで坐禅している姿と十字架像とを幾何学的に対比してみよう。先ずはじめに、垂直は行動・動き・意欲を示唆する。それにたいして水平は横たわる仏陀の場合のごとく、平和・満足・知足を思わせる。坐像は堅実さ・強い信念・不動の心といった思いを与えてくれる。尻と組んだ両脚をしっかりと大地に据えると、身体は落ち着きを得る。重心は腰の辺りにかけられる。これこそ足を二つ持った生物が生きている間にとりうる最も安定した姿勢である。これはまた平和・静寂・そして自信の象徴でもある。直立した姿勢はふつう攻・守何れにせよ、闘争心を示唆するものだ。それはまた個性と押しの強さから生じた個我の自尊心を感じさせる。

人類が両脚で立ち始めたという出来事は、四つ脚で歩き廻る他の生き物たちときっぱりと袂を分かったことを証するものであった。それ以来、人類は自由になった前足と、その結果発達した脳の故に、大地からますます独立するようになった。人類のこの発達と独立は、絶えず自分が今や大自然の主であり、それを完全に支配することができるのだという誤った考え方に導きつつある。しかもこのことは、人が地上の万物を支配するのだという聖書の伝説と相俟《あいま》って、あらゆるものを支配しようという人間の考えが、然《しか》るべき限界をすら逸脱してしまうのを助長するに至ったのである。その結果、われわれは自然を征服することばかり挙げつらうようになったが、一層の鍛錬と規制、そして多分、他の何にも増して制圧することを要するわれら自身の人間性を、征することを除外してしまったのである。

一方、両脚を組んで坐り、瞑想する姿勢は、大地と一体の存在ではあるが、そうかといって、大地の臭いを嗅ぎ、その中で泥まみれになり続けていなければならぬほどのっぴきならぬ状態にまで、それに埋没してしまっているのではないことを、人に感じさせてくれる。確かに人は大地に支えられてはいるのだが、人はあたかも超越性の至上の象徴であるかのように大地の上に坐るのである。大地に固着しているのでもなければ、それから遊離しているのでもないのだ。

近頃はあたかも執着というものは余りにも致命的で厭《いと》うべきものであるからして、その反対の無執着を何とかして達成するよう努めねばならぬと言わんばかりに、しきりに無執着が専ら取り沙汰されているようである。しかしながら、私は、われらが何故に愛すべきもの、社会および個人を真に幸せにする事物から遠ざからねばならぬのか合点がゆかぬ。寒山《かんざん》や拾得《じっとく》は彼らなりに自由と幸せを享受していた。彼らの人生は局外者のわれらから見ると、全き無執着の人生であったと考えられよう。釈迦は七十九年の生涯に亘って、ある場所から他の場所へと、異なった生き方をしているさまざまな人びとに、さとりの福音を説き歩き、遂には尼連禅［ママ］河の畔で静かに世を去った。ソクラテスはアテネで誕生し、かつ、逝去した。彼はその精力と智慧を人びとの思想の産婆役としての仕事を遂行することに用い、哲学を天界から地上に引き降ろし、最期は弟子たちに囲まれて、静かに毒人参の杯を呑み干して、七十年の生涯を了えた。

　これらの人物は、それぞれの人生を明らかに思い残すことなく存分に享受したかに見えるのだが、こういった生涯を一体どう表現したらよいのか？　執着の生涯であったのか、それとも無執着のそれであったのか？　私の理解の及ぶ限り、何れも隠された下心などに些《いささ》かも妨げられず、自由奔放な生涯を尽くしたのではなかろうか？　それゆえ、上記の人びとの生涯を評価するのに、執着とか無執着といった表現は用いないで、完全に自由な生涯と呼んだ方が良いのではなかろうか。

われらに平安と自由を齎らすものはさとりなのだ。

三

釈尊が至上のさとりを得た時、坐禅の姿をとっていた。つまり大地にへばりついてもいなかったし、また大地から遊離してもいなかった。大地と一つであり、大地から生育し、しかも、大地によって押し潰されもしなかった。変化してやまぬ万物に制約されぬ、生まれたばかりの幼児として彼は立ち上がり、片手で天を、他方の手で地を指し、「天上天下唯我独尊！」と言い放った。仏教においては、仏のとる姿として三つの主要なものが教えられている。一つは誕生、二つには正覚、三つには涅槃である。すなわち、立像・坐像・臥像である。これは人がとりうる三つの主な姿勢である。このことから分かることは、仏教はさまざまな形の(平和な穏やかな)人間の営みに深い関心をもっており、決して闘争的な活動面には関心を向けぬという事である。

他方、キリスト教には理解に苦しむ幾つかの事柄があり、その一つは十字架という象徴である。磔刑《たっけい》に処せられたキリストの像は見るも怖ろしい光景であって、精神異常を来した脳の嗜虐的な衝動を連想せざるを得ない。

キリスト教徒はこう言うかも知れぬ。十字架は何を意味するかと言えば、自我を屈服させないと、われわれは道徳的に完全な人間となることができぬ故、自我すなわち肉身を十字架にかけることを意味しているのだと。

ここが仏教のキリスト教と異なる点なのだ。

仏教でははっきりとこう言う。「磔に処するべき自我など始めから存在しないのだ」と。そもそも自我ありと思うことが、すべての過失と悪徳の始まりなのだ。うまく行かぬすべての物事の根源には無知がある。

自我というものは無いからして、十字架は不要である。なんら加虐的行為などしでかすこともなく、道端に人に衝撃を与えるようなしろものを晒《さら》す必要もありはせぬ。

仏教によれば、世界は業縁の入り組んだ網の目のようなもので、その背後にそれを思うがままに操作する像などは居らぬ。現実の物事のありのままの真相を洞察するために何よりも先ず必要なことは、無明の雲を取り払うことである。そのためには、物事のありのままの姿を明らかにかつ深く徹見する修行を積まねばならぬ。

キリスト教はわれらの存在の形象性を強調する傾向をもっている。そのため磔刑が登場し、次いでまた肉を食べ血を呑む象徴的儀式も加わる。キリスト教徒でない者にとっては、血を呑むと思っただけで不快感を覚える。

キリスト教徒はおそらくこう答えるであろう。「これがキリストと一体という考えを現実化させる方法なのです」と。しかし、非キリスト教徒は次のように応答するだろう。「一体という考えはもっと何か別の方法、つまり、より穏やかで、より理に叶った、一層人間的で人間の温《ぬく》もりを感じさせる方法、それ程好戦的でも暴力的でもない様式で表せないものでしょうか?」と。

涅槃像を目にする時、われらは全く異《こと》なった印象を受ける。キリストの磔刑のイメージと、人のみならず動物も交えて、弟子たちに取り巻かれて寝処に横たわっている仏陀の像は、何と対蹠的であることか！　さまざまな種類の動物もやってきて仏陀の死を悲しんでいる様子を目にする。これは、何と興味深く、また感銘深いことではないか?

キリストは十字架の上で垂直の姿で死し、仏陀は平面上で逝く。このことはこれのみに止まらぬにしても、仏教とキリスト教の根本的相違を象徴しているのではなかろうか?

垂直性は行動・好戦性・排他性を、他方、水平性は平和・寛容性・寛大さを意味する。行動的であるがため、キリスト教はそれ自体の内に何か物を掻き廻し、心を揺り動かし、騒がせるものをもっている。好戦的・排他的であるがため、キリスト教は、民主主義や普遍的な友愛を標榜しながらも、他者に恣意的で、時として、威圧的な力を振るいたがる傾向をもっている。これらに照らしてみると、仏教はキリスト教とまさに正反対であることが判る。仏陀の涅槃像の平面性は時には怠惰、無関心、非活動性を示唆するかも知れぬ。しかし、仏教が平和・静寂・平静そして安定を説く宗教であることに疑いを挟む余地はない。好戦性・排他性などは全く受けつけぬ。それらとは対蹠的に仏教は懐《ふところ》の広さ・普遍的寛容性・世俗の差別意識から超然たることの方を尊重してやまぬ。

直立することは、いつでも行動・戦い・そして相手を圧倒する態勢にあることを示すものだ。それはまた誰かがこちらに相対峙していて、こちらが先ず相手を倒さねば、その相手がこちらを倒すやも知れぬということだ。その相手こそ、キリスト教が磔刑にしようとする〝自我〟に他ならぬ。この敵対者は常にこちらを脅かす故、こちらも戦闘的たらざるを得ぬ。けれども、こちらが警戒心を持ち続けることを強いているこの兇悪な敵対者が存在しないものであるということが明らかになり、一つの悪夢にすぎないこと、そして、自分に襲いかかろうとする何か実体的なものを措定することこそが迷妄にすぎぬことに合点がゆけば、われらは初めて自己および自己を取り巻く世界全体と和解し、身を横たえて万物と一体感を味わうことができうるのである。

これですべて言い尽くしたかに思えるが、誰でも心得ておかねばならぬと思われることが一つある。それは、互いに相反するさまざまな思想を糾合し、どうしたらそれらが和解し合えるのかを考察することである。このような私案はいかがなものか？　平面性が常に平面性に留まるならば、その結末は死である他はない。垂直性がその硬直性を続ける限り、それは潰滅してしまうということだ。実は平面性が平面性でありうるのは、それが起き上がる傾向、つまり、それが何か別のものになる過程の一齣として、あるいは、三次元に移行せんとする直線のような傾きを孕んでいることが認知される時に限られるということだ。これは垂直性に関しても同様である。それが動くことなく垂直性を保ったままでいると、それは自分自身すらも喪失してしまう。垂直性は融通性を得、弾力性を獲得し、可動性との均衡を保っていなければならぬ。

(ギリシャ)正教の十字架と卍《まんじ》には密接な関係がある。多分同一の根源に由来するものであろう。けれども、卍《まんじ》は動的であるが、十字架の方は静的な左右相称性を象徴している。ローマの十字架はきっと他の性格を帯びた記号の発展であるに違いない)。

Ⅶ　このまま

――わたしは、有って有る者(1)――

一

人生を貫く巨大な矛盾の網の目に直面する時、宗教意識が目覚める。この意識が動き出すと、あたかも自分の存在自体が今にも崩壊してしまうのではないかとさえ感ずるものである。そうなると、この葛藤を乗り越える何ものかをがっしりと摑まぬうちは、心の安定感を取り戻すことはできない。

自己にまつわる葛藤が何であれ、こちらがなまじっかな哲学者でさえなければ、それらはわれらをちっとも悩ませはしないだろう。何故かといえば、われらは誰も一角の思想家であることを期待されているわけではないからだ。しかしながら、これらの葛藤は多くの場合、意志の分野でのさばり出てくる。この側面からの攻勢にさらされると、問題に矢で射抜かれたように最も痛切に感じられる。権力への意志が何らかの形で脅威にさらされると、人生に関して物思いに耽るようにならざるを得ぬ。

そのような時、〝人生にどんな意味があるのか？〟という疑問は、抽象的な解答を要求しているのではなく具体的な形をとった個人的挑戦として襲いかかってくるのである。その解決は体験の場でなければならぬ。そこでわれわれは知的はからいの段階に現れているすべての矛盾を放棄する。それというのは、われわれは実際上、人生に満足せずんばやまぬものだからである。

日本語の「このまま」は、このような精神的満足の状態を表すのに最も適している表現である。「このまま」は、もののありのままの姿である。神は神なりのありのまま《イズネス》の姿にあり、花は花なりのありのままの姿で咲き、鳥は鳥なりのありのままの姿で飛ぶ。……このように、すべてのものは皆ありのままの姿で欠けるところはない。

キリスト教徒は、すべてこれらのありのままのあり方を、それがどんな存在であるにせよ、神に帰する。そして、色々な矛盾のまっただ中で満ち足りている。ジョン・ドンヌは次のようにいう。

神はいかなるところにも在《ましま》す故、神は天使の中の天使、石の中の石、そして、藁《わら》の中の藁であられる。（説教、第七）

エックハルトは同様の思想を彼なりに次のように表現している。

たとえ一匹の蚤《のみ》でさえも、それが神の内にある限り、それなりの姿で、最高の天使の上に位する。かくの如く、神の内にあっては、すべてのものは平等であり、また神そのものなのである(2)。

二

詩僧であった一禅者(3)は次のように歌っている。

前面には真珠と瑪瑙《めのう》　　前面是真珠瑪瑙
背後には瑪瑙と真珠　　後面是瑪瑙真珠
東には観音と勢至　　東辺是観音勢至
西には普賢と文殊　　西辺是普賢文殊(4)
中央には幡《はた》がある　　中間有一首幡

そよ風が通り過ぎると　　被風吹著
それがフルフルとはためく　　道胡盧胡盧

この中国音の「フルフル」(胡盧胡盧)は、日本語では「フラフラ」であるが、この「フルフル」は、真宗の妙好人、才市の歌い出した言葉の一つを思い起こさせる。

(一)　さいちがこころわ《(は)》ひよ太ん《(瓢簞)》でいつも
うかうかなむあみ犬ぶのかぜ《(風)》仁ふ
かれてういてながれるみ太《(弥陀)》の
上を《(浄土)》どい《(へ)》

真宗と禅宗との一つの違いはこんなところに指摘され得るのではなかろうか。すなわちこの場合、禅匠たちだったならば、「弥陀の浄土へ」とはいわないであろう。禅匠たちにとっては、どっちみち、瓢簞が「浄土へ」流れて行くのには異存はないけれども、地獄へ流れて行ったところで、一向かまわぬのである。このことは、禅匠たちが無関心であるからだとか、フラフラしているからだとかいうわけではない。表面的にはそう見えるかも知れないが、ただ表面だけのことであるに過ぎない。禅匠たちのフラフラは、実は全く超越的な――あるいは「超自然的」といってもよいかも知れぬが――生命とつながりを持つ、深い空の体験から来ているのである。多くの人びとは、道徳的な生活を、内面的・超越的な生活から区別しそこなっている。内面的・超越的な生活は、それ自身の生活を持っており、実用的な目的意識の世界でのみ価値があるような、個々に分別された生活とは全く別個の領域を持っているということができよう。

これらのことを再びキリスト教徒の言葉を借りていえば、エックハルトは次のようにいっている。

もし諸君が、神を通じて諸君のところにやって来るところのものを受け取ることができるならば、それが如何ようのものであれ、それは神聖そのものとなる。すなわち、恥辱は名誉となり、辛は甘となり、真暗闇は明るい光明となる。あらゆるものはその妙味を神より受け、神聖となる。すべての出来事は、もし人間の心がそのように働くならば、すべての物ごとは神を示唆するものとなる。物事は皆この一つの味を帯びている。それゆえ神は、この男にとっては、人生の最も苦しい瞬間も、最も甘美な楽しい時も、依然として平等でありたもうのである。(5)

ックハルトの神は、才市の「南無阿弥陀佛」に幾分似通っているけれども、エックハルトは当然のことながら、すべてのことを神に帰している。神から由来するわれら「被造物」は、ただ神の意志に「そのまま」従うだけであり、自分のなすことに関して、善悪を判断する立場にはない。これが「フラフラ」ということのキリスト教徒的な理解であると、私が受けとったならば、キリスト教徒は果たして憤慨するであろうか。この点に関してエックハルトは、奇妙ではあるが興味深い問いを起こす。

われらに仕え、われらを護りつつ、われらと共に生活している天使たちに関して、試みに一つ疑問を呈してみたい。すなわち、彼等は天上にいる天使たちと比べて、与えられた身分を左程《さほど》喜ばないのかどうか。また、われらに仕え、われらを護るがために、彼等の本来の諸活動に何ら支障を来たさないかどうか、と。いや！　全然そんなことはない！　彼等の喜びや、平等の感覚が削減されることなどはない。何となれば、天使の活動は神の意志を行うにあり、神の意志は天使の活動であるからである。もし神がある天使に、ある木のところへ行って、そこにいる毛虫どもをつまみ除くように命ずるとしたならば、天使は喜んでそれをなすであろうし、そのことは彼にとって深い悦びであろう。何となれば、それは神の意志に他ならぬからである[6]。

真宗の表現形態は、客観的・非人格的な禅の行き方とは対蹠的に、主観的であり、且つ人格的である。このことは、真宗が実在の慈悲の面に一層の関心を寄せるのに対して、禅の方はその智慧の面を強調する傾きがあることを示すものである。真宗信仰は阿弥陀の本願に基づいているが、これは「名前」を意味する「名号」(サンスクリット語の *nāmadheya*)として知られる「南無阿弥陀佛」に集約されている。名号というと抽象的に響くかも知れぬが、これは主観と客観、信ずる者と阿弥陀、「南無」(礼拝する者)と仏(礼拝される者)、機と法とが一体となった形なのである[7]。名号が称えられる時、不思議な一体化が行われるのである。

(二)　とのうれば《称ふれば》、つみも、さわりも、は《ふ》るゆき《雪》。
　　ふりつつきゆる、ここちこそすれ。

(三)　なんとなく、なんとなくが、み《身》をたすけ、
　　なんとなくこそ、なむあみだぶつ。

(四)

あみだわこれこれ、ここにをる。
なむとあみだが、なむあみだぶつ。
によらい《(如来さん)》三、わしやこがなこと《(こんなこと)》かきまする。
うれしいな。

これらは才市の言葉からである。ここには才市のさまざまな体験が直接に言葉として表されている。「南無阿弥陀佛」を才市が称えるや、たちどころに「南無」(機)は、「地面」であり「支《ささ》え」である「阿弥陀」(法)の体のうちに融け込んでしまう。才市はそれを理窟でいうことはできないが、「ここにをる」のである。そこに起こったところのことは、阿弥陀(法)と才市(機)の一体化である。しかし一体化したといっても、何も才市が消えてなくなってしまったわけではない。才市は依然として自己の個性を意識しており、「如来さん」という言葉で自ら阿弥陀佛に親しく呼びかけ、自分がこのしあわせな出来事について書き記すことができることを喜んでいるのである。

次に記すのは、ハワイ島のコナの佐々木ちよの夫人の心境発露であるが、佐々木さんは為国正念師の主宰する本願寺に属している一人の妙好人である。

「このまんま」(8)の教えがあまりうれしいので
わたしは頭を下げる
善くても、悪くても
それは「このまんま」
正しくても、間違つても
それは「このまんま」
ほんたうでも、うそでも
それは「このまんま」
さうでも、さうでもなくても
それは「このまんま」
泣いても、笑つても
それは「このまんま」
そして「このまんま」は「このまんま」

「このまんま」で足りなけりや
あんたはあまりに欲が深い

「このまんま」は変はりもしなければ
変へられもせぬ
あなたはわたしの親だもの
あなたはわたしに「そのまま」来いといわれる
それはわしらが「このまんま」が
「このまんま」たるを知らぬため
わしらは、この場所、あの場所とウロウロする
親さまの中におる身は
お慈悲のおかげ
親もしあわせ、わしもしあわせ
そこで親、わし、いつしよに住まう
親の永劫の御苦労を知るたびごとに
何とみじめなわたし
何と浅ましいわたし
浅ましさからわたしは、またもや
南無阿弥陀佛

南無阿弥陀佛、南無阿弥陀佛。

「このまま」と聞くと、何と安易であるかと思われ、その中には精神的・超越的なものは何ものもないと思われるかも知れない。だが、これを現実世界へ引っぱり出してみるというと、ここにあるすべてのものは適者の生存と生き残りのための抗争にさらされてしまうであろう。それは特に今日のような世界に差し出されるには、極めて危い教えである。しかし、「「このまま」という教えは、本当にそれほど危険なものであろうか？」と、問うてみるだけの値打ちはありそうである。エックハルトの言う〝魂の中にあって神にもっとも親《ちか》しい何ものか〟を知る体験が消失しつつあるような現今の世界は、それ程貴重で注意深く保存するに値するのだろうか？　われらがこの知識を持たなかった時、エックハルトは、われわれの個別的な、自我中心的な生活を、「うじ虫ほどの値打ちもない」と見なしたのである。この種の存在が住みついている世界は、真に保持するに値するであろうか。(9)

エックハルトの文章は非常に強烈なものである。

屡々《しばしば》述べ来たったように、霊の内には、あまりにも神に近似しているため、神とすでに一体であるがため、神と合一せしめる必要など毫《ごう》もないほどの「あるもの」が宿っている。それは比類を絶したものであり、他の如何なるものとも共通点をもたぬ。それはどのような意義をももたぬ、……全く！　すべて創造されたるものは取るに足らぬものである。しかし、かの「あるもの」こそは、あらゆる被造物からかけ離れたものであり、異質のものである。もし人が全くこれ自体であったならば、彼は造られざるものであると同時に、どんな被造物とも異なるものである。もし何か実体的なもの、乃至《ないし》は脆弱な何ものかがその統一体の中に含まれるならば、それはまた、かの統一体の本質の如きものであろう。もし私が、たとい一瞬間なりとも、この本質の中にいるとしたならば、(10)私は自分の世俗的な自我をば、「うじ虫」にも及ばぬ価値なきものと見なすであろう。

三

「このまま」の教義は、エックハルトの「かのあるもの」の体験から生育した心理に基づいている。それを語るに当たってエックハルトと同じくらい雄弁になるために、何も形而上学的分析を用いる必要はない。先にあげた言葉の主、佐々木夫人は、かのドイツの偉大な神学者に匹敵するほどの学識と頭脳は持ち合わせてはいないけれども、「かのあるもの」を味わっていたことは疑いない。才市は彼なりに少し「学」があり、それを「仏智」と呼んでいるが、これは才市は説教師たちから聞いていたものに違いない。仏智は確かに感覚的な経験や「論理的」な操作に基づいているところの単なる人間的な理解を超えているのである。

(五)　ふうち《(仏智)》ふしぎ《(不思議)》わ、わしを上をど《(浄土)》に、
なむあみだぶつ。

(六)　なんともな〔い〕、うれしゆもない、
ありがともない、
ありがとないのを、くやむじやない。

(七)　なんともない、なんともない、なんともない、
にようい三が、このわしな《(を)》、つろ《(つれて行く)》をていぬるいい《(云ひ)》なさるで、ありがたい。

才市の「無関心《なんともない》」と「無為《なんともない》」は、「このまま」或は「そのまま」をはっきり示さんがため、もう一つの消極的な手法である。仏智はある意味では全面肯定であるが、他の

意味からいえば全面否定である。それは、それなりの経過を経て来るすべてのものに「その通り、その通り」とか「そのままでよろしい」というが、同時にそれは「ネーティ、ネーティ(*n'eti, n'eti*)」[「一に非ず、一に非ず」]といって何も主張しない。才市が消極的な気分にある時は、才市の嘆きは、「あさましや」、「ばかのばかもの！」、「つみつくり」、「わしのゆう《(い)》こと、をそ《(嘘)》をそ」などである。しかし積極的な気分にある時は、全く変わってしまう。何と才市は嘻嘻《きき》としていることか。才市はすべてに感謝し、阿弥陀のただの授かりものに最も感謝し、一体自分はどうしてこれらに値するのかといぶかる。すべてこれらの移り気や矛盾にも拘《かか》わらず、才市は自分の心の平衡と平和とをよく保っている。それというのは、才市の存在は阿弥陀の双手の中に安全に支えられ、「南無阿弥陀佛」に安住しているからである。

（八）

さい、ち、にゃ、なんにもない。
よろこびほかにわ、なんにもない。
ゑゑ《(よい)》も、わるいも、みなとられ。
なんにもない。
ないが、らくなよ、あんきなよ。

（九）

なむあみだぶに、みなとられ、
これこそ、あんきな、なむあみだぶつ。
さいちよいへわれ《お前》がどをぎよ《同行》
どこ仁をる《居る》へわ太しがどをぎ
よあみ太ぶつ《阿弥陀佛》われわ《お前は》どこ仁を
るへわ太しやあみ太のなか仁
をるさいちよいへせいしゆふ《摂取不》
しや《捨》とわ《は》ど《どう》がし太ことかへせい《摂》
しゆぶしや《取不捨》とわ《は》とられ太ことよ
ご《御》をん《恩》うれしやなむあみ太ぶつ

四

更に才市の内的生活を明らかにするために、彼の発した言葉をもう少し引くことにしよう。

（十）わしのとんよく《（貪欲）》、みなとられ、
せかいわ、わしがなむあみだぶつ。
（十一）わたしや、あなたに、みなとられ、
ねんぶつもろをて、なむあみだぶつ。
（十二）わしの心の八万四千、のこるまもない
なむあみだぶに、まるで、とられて。
（十三）ぼんの《（煩悩）》(11)をに、心まかれて、をるわしが、
ぼんのをごめに《（もろともに）》、こころとられて。
なむあみだぶに、こころまるめて、
なむあみだぶわ、ありがたい。
さいちにや、なんにもない。
（十四）よろこびほかにわ、なんにもない。
ゑゑ《（よい）》も、わるいも、みなとられ。
なんにもない。
ないが、らくなよ、あんきなよ。
なむあみだぶに、みなとられ、

これこそ、あんきな、なむあみだぶつ。

ところで、これらすべての言葉にも拘わらず、われわれは、才市が善悪双方にわたるあらゆる情欲《パッション》とは無関係の一個の木片と化してしまった、と考えてはならぬ。才市は、それらすべてをそなえながら、活発に生きていたのであった。才市はわれら自身と同じく人間的であった。われらがわれらである限りは、何人といえども、この負担を解かれることはあり得ない。それを取り除くことはわれらの存在をなくしてしまうことであり、そのことは、われらの終わり、万物の終わり、もはや方便力を発揮する対象を失った阿弥陀自身の終わりでもある。情欲はわれらすべてにとどまらねばならぬ。情欲なくしては、喜びも、しあわせも、感謝も、社会性も、人間の交わりもなくなるであろう。罪を自分に遺しておいてくれ(12)と才市が阿弥陀に頼むのも、全くもっともなことである。罪なくしては阿弥陀を体験することができぬことを、才市は十分に自覚しているのである。われらの存在というものは、この娑婆《しゃば》においては、あれが欲しいと思う時には、これを持たねばならぬように制約されている。そこで、この思いこそが罪を成り立たせている諸々の情念にほかならない。われらは常にこの矛盾に包みこまれており、それが人生というものであるが、われわれはそれを生き、生きることによってすべては解決されるのである。どのような種類の矛盾でも、すべて物事のそのままの姿に変化する。必要とされるものはただ無の体験であり、それがすなわち自然のあり方、つまり「このまま」である。

学童の用いるノート・ブックで六十冊を超える才市の自由な心境発露は、われらの生存のあらゆる局面において、機(13)法対立の相《すがた》でわれらを迎えてくれる壮大なる矛盾そのものを、彼が生きながら奏《かな》でている狂想曲だと言えよう。才市はこの矛盾を生き、自己の存在の限りを尽くしてこれに惚れこんでさえいる。才市が下駄を作っている工作台から削り落とされる一枚一枚の鉋屑《かんなくず》は、才市に娑婆のドラマを物語る。そしてそのドラマは、世間の知恵の次元で解決をしようと企てるわれらの思いを全く受けつけぬ。しかし、素朴な心の持ち主である阿弥陀に酔える才市は、一枚一枚の鉋屑に次のような自己の刻印をしるすことによって、それをいともたやすく解決してしまう。すなわち、「あさましや」、「おやさまの広大なお慈悲がありがたい」、「この才市めは罪悪深重であるのに、それを払おうともせぬ。何故かといえば、罪は阿弥陀の存在と南無阿弥陀佛を気づかせてくれる何よりのたよりであるから」などである。才市は壮大なる世の矛盾を生きている。才市の生きることはそのまま解決なのである。

五

真宗の開祖である親鸞は、「このまま」という思想に対してこんな註釈を提出している。彼は漢学に造詣が深かったがために、日本の俗語を用いず、「自然法爾」という漢語を用いた。すなわち、日本語でいうと「じねんほうに」である。

自然《じねん》というは、自《じ》はおのずからという。行者のはからいにあらず、しからしむということばなり。然《ねん》というはしからしむということば、行者のはからいにあらず、如来のちかいにてあるがゆえに。法爾《ほうに》というは、この如来のおんちかいなるがゆえに、しからしむるを法爾という。法爾はこのおんちかいなりけるゆえに、すべて行者のはからいのなきをもって、この法のとくのゆえにしからしむというなり。すべて、人のはじめてはからわざるなり、このゆえに、他力には義なきを義とすとしるべしとなり。自然というは、もとよりしからしむということばなり。弥陀佛の御ちかいの、もとより行者のはからいにあらずして、南無阿弥陀佛とたのませたまいて、むかえんとはからわせたまいたるによりて、行者のよからんともあしからんともおもわぬを、自然とはもうすぞときさて候う。ちかいのようは、無上仏にならしめんとちかいたまえるなり。無上仏ともうすはかたちもなくまします。かたちのましまさぬゆえに、自然とはもうすなり。かたちましますとしめすときには、無上涅槃とはもうさず。かたちもましまさぬようをしらせんとて、はじめて弥陀佛とぞききならいて候う。みだ佛は、自然のようをしらせんりょうなり。この道理をこころえつるのちには、この自然のことはつねにさたすべきにはあらざるなり。つねに自然をさたせば、義なきを義とすということは、なお義のあるになるべし。これは仏智の不思議にてあるなり。（『末燈鈔』）

この自然法爾に関する親鸞の註釈から、阿弥陀の本願のはたらき、すなわち他力のはたらきについて、親鸞がどのような理解を持ったかがわかる。「義なきを義とす」ということは、何らの意義を持たぬ、つまりそれによって、その意味するところを具体的に把握することができるような、はっきりとした内容をもたぬことと思われるかも知れぬが、その思想とは、阿弥陀がかの四十八の誓いを立てた時、阿弥陀の側には何等の目的意識も終末論的な観念もなかったということであり、またそれらに表されているすべての思想は、阿弥陀の大悲心の自ずからなる発露であるということである。その大悲心こそが阿弥陀自身に他ならないのである。阿弥陀には、悩めるわれら衆生を悲しむ気持ちと、果てしない生死の輪廻からわれらを救わんという願いのほかには別の動機はない。誓願は、阿弥陀の愛、すなわち慈悲の自ずからなる表現である。

衆生にとってみれば、自分たちは限られた存在であり、業に繋縛《けばく》され、空間と時間と因果律に完全に制約されているがためにどうしようもない。衆生がこのように限られた状態にある限り、自己の力で涅槃あるいは悟りに達することは決してできぬ。解脱を遂げることができぬということ、このことはまさにわれらの存在そのものに因《よ》るのである。もがけばもがくほど、ぬきさしならぬ混乱状態に、より深く巻き込まれる。救済はこの限られた存在とは別の源から出て来なければならぬ。しかしこの源はわれらの諸々の制約に理解がなく、したがってわれらに何等の同情も持たぬという意味で、全く外部的な何ものかであってはならない。救済の源には、両者の間に通う慈悲の流れが存在するように、われらと同じ心がなければならぬ。根源の力はわれらの内にありつつ、同時に外になければならぬ。もし内になければ、われらを理解することができぬであろうし、もし外部になければ、同様の制約から自由であることができぬであろう。然りでありつつ、しかも否であること、内にありつつ、しかも外にあること、無限でありつつ、しかもいつでも有限に奉仕する用意があること、義に満ちつつ、しかも無義であること……これは永遠の問題である。この故にこそ、仏智の不可思議、南無阿弥陀佛の不思議と云われるのである。才市一流の親鸞の味わい方には、われらの論理的分析を受けつけないような彼の内的体験に根ざす、それなりの魅力と独自性がある。

（十五）

なむあみ太ぶわ《は》みてわ《尽きは》せん
なんぼをゆうてもみてわ《は》せん
さいちがこころもみてわ《は》せん
を《親》やのこころもみてわ《は》せん
をやのこころとさいちのこころ
きほをいたいなむあみだぶつ《機法一体南無阿弥陀佛》
なんぼをゆうてもみてわ《は》せん

（十六）

あさましやあさましいのも
をのずから《自ずから》でるありが太や
ぶうとん《仏恩》もをのずからでる
きも《機》ほを《法》もをや《親》のは太らき
まるでるごをん《御恩》うれしや

（十七）さいちが仁よらい三《如来さん》わ《は》
どこ仁《居り》をんなさるかへ
さいちが仁よらい三わ《は》
きほをい太い《機法一体》であります
ありが太いななむあみ犬ぶつ
なむあみ犬ぶつなむあみ犬ぶつ

（十八）こんなほとけわ《は》よいほとけ
くるほ《方》を《へ》いついてきて
わしのこころい《へ》とりついて
われ《お前》を太すくるろくじ《六字》のこゑ《声》が
きほをい太いなむあみ犬ぶつ《機法一体南無阿弥陀佛》
なんともかんともゆわれんの
うまいをじひ《御慈悲》な

エックハルトは、以下の思想全体に対し、彼なりの注釈を下しているが、われわれの立場からすれば、全く真宗そのものと受け取るかも知れぬ。

もし諸君が、神のために、しかも神のためにのみ苦しむならば、その苦しみは害を与えぬばかりか、耐えがたいこともない。何となれば、神はそこから重荷を除きたもうからである。かりに百の重みが私の首にかかったとしよう。そこでほかの誰かがすぐにそれを取って、自分の首に置くとする。それならば、その重みは百あっても一と何ら変わりはないことになる。そうならばその荷は私にとって重くはないであろうし、私を傷つけるようなこともあるまい。手短かにいってみれば、人が神を通じて、また神のためにのみ苦しんでいるところのものは、甘美にされ、容易にされるのである。(14)

意志というのは、もしそれが特に拘泥するところなく自我から切断されており、また神の意志に変えられ適応されたものであるならば、完全にして正しいものである。実に、意志というものはこういうものであればあるほど、それはより完全で真実なものとなる。このような意志をもってすれば、何事にあれ、愛でも、その他如何なることでも可能である。(15)

たといすべてそのようなこと（諸経験）が本当に愛から由来していたとしても、それでもそれは最上とはいえぬ。われわれは、かのより善い愛のためには、そして、人間が社会的に、また、心身ともに最も必要としている愛の奉仕を成し遂げるためには、そのような有頂天を楽しむことを超えなければならぬ。屢々述べたように、もし人が、聖パウロがかつて入ったような歓喜の状態にあって、一人の病人が一杯のスープを欲していることを知ったならば、愛のためにはその歓喜から身をひいて、困っている彼に奉仕した方がはるかに望ましいことであろう。(16)

Ⅷ　「南無阿弥陀佛」についての覚え書

浄土の教えが究極的に目ざすところは、それを信仰する人びとが、浄土へ迎え入れられる道としての念仏の教えの意味するところを理解することにある。念仏生活の中では、不動の信心のうちで矛盾かと思われるものがみな氷解し、和解せしめられるのである。

念仏は文字通り「仏を念ずる」ことである。念（中国語で *nien*、サンスクリット語で *smṛti*）とは記憶に留めることである。ところが、真宗の世界では、ただ仏を心にとどめるというよりはむしろ、その御名を憶《おも》い、(1)それを心に保つことである。その名号は日本語の発音ではナムアミダブツ、中国語ではナン・ウ・オ・ミ・ト・フォの六文字・六音節から成っている。実際のところは名号は仏の名以上のものを包含している。何故かというと、そこには南無というコトバが加えられているからである。南無はサンスクリット語でナマス（もしくはナモ）と言い、礼拝とか挨拶を意味する。したがって、名号は阿弥陀佛を礼拝することであり、これが阿弥陀佛の名号を表すものとされているのである。

真宗の人が南無阿弥陀佛に対して与えている解釈は決して神秘的なものでも秘儀的なものでもないが、字義の次元を超えたものである。実のところ哲学的なのである。阿弥陀佛が礼拝の対象と見なされた時点で、阿弥陀は帰依者から分離された完全に独立した存在となってしまう。しかし、その御名に南無が付加されることによって、全体が全く新しい意義を帯びる。つまり、名号は今や阿弥陀佛と帰依者が一体となった境地なのである。一体化といっても、帰依者が居なくなって、阿弥陀佛に吸収されてしまい、その個性がそのまま存続できなくなることを意味するものではない。南無と阿弥陀佛がそこでは一体となってはいるけれども、南無(機)が消えてしまった訳ではない。それはそこにないかのようであるが、実はある。この両義性が念仏の不思議そのものなのである。真宗ではこの両義性を機法一体と表現し、その推し測りがたさを仏智の不思議という。真宗の教えはこの理解し難い中枢のところをめぐって展開されているといえる。(日本語で不思議、サンスクリット語で *acintya*)

これでようやく念仏、すなわち、名号もしくは南無阿弥陀佛が、真宗の信仰の中心にあるということが明らかになった。この念仏が体験された時、信者は実際に浄土に導かれる以前にすでに堅固な信心を獲得していると言えるのである。というのは、浄土はもはや死後の出来事ではなく、正にこの娑婆世界、つまり現実世界での出来事であるからである。才市の歌を見ると、彼はまるで隣の家へ往って、また還って来るかのように、浄土と娑婆との間の往復を楽しんでいることがわかる。

（一）　わたしやほんにしやわせもの
　　かつてきままに浄土にまいる
　　あちらと思えばまたこちら
　　あちらと思えばまたこちら
　　なむあみだぶつ　なむあみだぶつ

才市が浄土にいるときの「あちら」はこの世を表し、彼がこの世にいるときの「あちら」は浄土を表している。彼はこちらとあちらの間を往き来する。実を言えば、彼はこの土とかの土の区別がないのである。しばしば、才市はこれ以上に踏み出してしまうことがある。

（二）　やれうれしや、なむあみだぶつ、

わしがごくらく、わしがをやさま、
なむあみだぶつ。

(三) ひかりかがやく、あみだの上をど《(浄土)》、
わしが上をどで、なむあみだぶつ。

(四) さいちがごくらく《(極楽)》どこ仁ある
さいちがごくらくここ仁ある
しやば《(娑婆)》でごくらくさかゑわ《(境は)》どこか
しやばでごくらくめ《(目)》が(2)さかゑ《(境)》

才市が「親さま」とか「親」と言うとき、それは阿弥陀佛を指すのみならず、しばしば南無阿弥陀佛が人格化されている。時には彼にとっては「親さま」としての阿弥陀と「名号」(南無阿弥陀佛)と「才市」の三者は同一のものなのである。

(五) あな太をすが太《(御姿)》をがむ《(拝む)》とき
ぶつ《(仏)》がぶつ仁をがまするこれをさい
ち仁しらする《(知らする)》ぶつよさいちやそれが

　　　　ありが太い

機法一体の象徴としての南無阿弥陀佛の内的体験から、尽きることなく溢れ出てくる才市のこれらの歌を味わっていると、この極東の辺鄙な片田舎に住む純情な下駄職人の暮らしに、底知れぬ魅力を感じずにはおれぬ。エックハルトは確かに素晴らしい。また、禅には近づき難きものがある。しかし、才市はいかにも家庭的で飾り気がないので、つい彼の作業場を訪ねて、木片から削り落とされる鉋屑《かんなくず》をトクと拝見してみたくなるのである。

（六）　さいちやなんでは太らくか
　　へわ太くしやなむあみ犬
　　ぶでは太らきまする
　　なむあみ犬ぶつなむあみ犬ぶつ
　　ありがたいな。

（七）　しやばですること、
　　かぎよ(家業)を、いとなみ(営み)することが、

（八）

上をど《（浄土）》の正をごん《（荘厳）》に、これがかわるぞよ。
うきよは太らき《（浮世働き）》正ぶつ《（諸仏）》とするよ
うきよは太らきぼさつ《（菩薩）》とするよ
をや《（親）》仁まもられさき《（先）》仁まい太《（参った》
る《る）》ひとをる《（居る）》ぞよなむあみ犬ぶの
なかであすぶ《（遊ぶ）》よ
ごおん《（御恩）》うれしやなむあみ犬ぶつ

宇宙全体に遍満している（3）仏菩薩たちと共に、働く才市の仕事ぶりを眺めることは、何ものにも勝る素晴らしい情景であるに違いない。それは浄土からそのまま運びこまれた光景である。これに比べると、エックハルトの心にはまだ現世的な何ものかの残滓を宿しているかのようである。才市にとって全てのものは南無阿弥陀佛の不思議から生まれる。そこにおいては、「信心歓喜の時」と「隣人愛」の間に何らの区別もない。

才市の生きざまの中には、禅者のそれに最も似通っているもう一つの側面がある。というのは、彼は時おり南無阿弥陀佛を、そして機法一体を、また慚愧と感謝、苦と楽の両義性を、超え出てしまうことがあるからである。彼は執《と》われがなく、超然としていて、物ごとを気にせず、私心がない。それはあたかも、そのままの世界から直接、赤裸々にあるがままの自分が飛び出してきたかのような風情である。

（九）　なんともな〔い〕、うれしゆもない、
　　　ありがともない、
　　　ありがとないのを、くやむじやない。

（十）　こんなさいちわありがたいかや
　　　なんともない
　　　なんぼきいてもなんともない
　　　なんともないのをさがすじや〔な〕い。

いずれにしても、才市は南無阿弥陀佛に象徴された機法一体の不思議の深淵を実際に体験した念仏者の一人であった。彼は論理の不条理と意味を問うことの不可能性を超えて、生涯の時々刻々、それを生きたのである。

（十一）　さいちや[4]、しやわせ、

（十二）

あんじ、わずらうこともなし。
ねんぶつ、となゑることもなし。
あなたをじひに、すくわれて、
ごを［ん］うれしや、なむあみだぶつ。
やまいき《山行き》たばこわ、よいたぼ《ば》こ、
こしかけたばこで、らくらくと、
ささ《さあさあ》、かゑりま正《せう》、かゑりま正。
わがいゑ《家》かゑる、あしのかるさよ。
みだのをくにに、かゑると［を］もゑば。
なむあみだぶつ、なむあみだぶつ。

Ⅸ　蓮如の「御文(章)」

「御文(章)」は蓮如上人(一四一五―一四九九年)が弟子達に宛てた手紙である。彼は真宗の最も優れた指導者の一人で、実は今日、浄土真宗として知られている宗派に、確固とした組織的基礎を築いた人物こそ、彼に他ならなかった。八十五通にのぼる彼の文章が遺されているが、それらは「御文章《ごぶんしょう》」もしくは「御文《おふみ》」と尊称されている。それらは真宗の教えの最も権威ある原典として法話の始めにふつう読み上げられ、引用される。才市はこれらの御文(章)によって彼の心が啓発される時、自分は何と惨めな存在であるかに気づかされるが、一度、そのすぐれた師によって綴られた啓発的な書き物を通して顕されている仏心に気づくや、彼は自分にかけられている圧倒的な親さまの慈悲の果てしなさの確信を得、それを限りなく感謝するのである。われらの懐く宗教心には、(1)わが身は悪きいたずらものという感覚と、(2)全く絶望的な状況から救われたことへの感謝の思い、の二つの側面があり、蓮如上人の御文(章)はこの両側面の自覚を描き出す役割を果している。例えば、蓮如上人の御文(章)の一つにこう述べられている。

［訳文］

真宗の信心が定まるということは、第十八の願[1]を理解することであり、第十八の願を理解するということは南無阿弥陀佛があなた方の心の内にしつらえてくれる心のあり方[2]を理解することである。それ故、(阿弥陀に)絶対帰依の心で〝南無〟と称えるひたむきな心を獲得すると、衆生の心に信心を目覚めさせようとする阿弥陀の本願の意義が読みとれるのである。というのは、ここにおいてこそ、阿弥陀如来がわれら凡夫に〝差し向けられるということ[3]〟が何を意味するかが分かるからである。このことは『大無量寿経』[4]の中で指摘され、そこでは次のように言われている。「阿弥陀が一切衆生にあらゆる功徳を施したもうのである[5]」と。したがって、無始以来なし続け、懐き続けてきた悪しき行いや煩悩にも拘わらず、われらの思いを超えた阿弥陀の本願の故に、われわれはそれらのどのような罪業からも残らず、完全に浄められる[6]ということになるのである。そしてその結果、退転する懼れなしに、われらは〝揺るぎない地位[7]〟に安住せしめられるのである。これはわが宗だけが選びとっている教えであるが、他宗の人に対しては、このように語らぬようにせよ。

能《よ》く能くこころうべきものなり。あなかしこ、あなかしこ。*

この蓮如の御文(章)のような書きものを翻訳するのは、多くの場合、他のどんな言葉にも置き換えることのできぬ専門語があまりにも多く用いられているので、困難をきわめる。専門語には長い説明が必要なのであるが、割愛せざるを得ない。ただ、「南無阿弥陀佛」については、一言述べておきたい。

南無阿弥陀佛はサンスクリット語の「*namo amitābhabuddhāya*」の日本語読みであり、意味するところは「無量なる光の佛を崇め奉る」である。しかし、浄土教の信者達にとってはこの言葉は無量光佛、もしくは阿弥陀佛を慕うということには決して留まらぬ。何となれば、かの極楽浄土へ生まれさせて下さる阿弥陀佛への無条件の信頼を表しているからである。

一般の人びとにとっては南無阿弥陀佛は、どちらかと言えば、混乱した観念のように思われることであろう。何故かと言えば、才市の場合のように、この言葉は阿弥陀さま、すなわち、親さまの人格を借りた実在を表しており、しかも、それが同時に絶対帰依の表現であるからである。しかしながら、それが南無阿弥陀佛のすべてなのではない。何故なれば、この言葉は屢々、主体と客体、信者と阿弥陀、罪業を背負った人と万人を救い取るお慈悲の親さま、一切衆生と仏、機と法、また人びとの願望とこの上なきさとり、などの一致を象徴する形而上学的な定型句として用いられているからである。このような意味において、南無阿弥陀佛という言葉は、才市が彼自身と阿弥陀を、時には区別することができないでいる時のような心境を表しているとも言えよう。

(一)　らくだいさせん《落第させぬ》をやさまわ
　　　わしになり　わがな《名》をきかせる
　　　なむあみだぶつ。

(二)　わたしやしやわせ　をやさまもろて
　　　わしをほとけにするをやわなむあみだぶつ。

南無阿弥陀佛が哲学的な言葉として用いられる時、大抵は「南無」(機)と「阿弥陀佛」(法)の二つの部分に分けられる。すると、「南無」はありとあらゆる罪悪にまみれた信者を表すとすれば、「阿弥陀佛」は無量光と永遠の命の仏に他ならない。信者が〝南無阿弥陀佛〟と念仏を称える時、彼は〝南無阿弥陀佛〟そのものになっている。才市が

〝南無阿弥陀佛、南無阿弥陀佛〟と称える時の念仏も、そのように理解されるべきであって、懇願の意味は全くなく、尊崇が意味されているのみである。この場合の才市は、アルフレッド・テニソンが〝いにしえの賢者〟と題する詩の中で、自分に「アルフレッド」と呼びかけているが、そのテニソンのようであると言えよう。ここでの才市は、この同一化に全く酔《よ》い痴《し》れ、その不可思議の内にそっくり吸収されてしまっている。このことを通じて、人としてのあらゆる煩悩を抱えている哀れな才市は、自分が一人の仏陀に変身してしまって、現に諸仏や諸菩薩や貴い人びとの御前にいることに気づくのである。才市が下駄を作りながら、心に浮かんでくることを小学生用のノートに、みな手早く書き付けていると、彼は法悦あるいは陶酔状態になって、書く手が止まるところを知らぬかのようになってしまう。才市が繰り返す〝南無阿弥陀佛〟は以上のように解釈すべきであろう。

　才市はよく自分に向けて「才市よい、何しておるか」、「才市よい、お前さんどうしておるか」、「才市よい、どこにおる」、「何故書くのをやめぬ」などと訊ねている。これらの問いかけは、明らかに彼が二つの人格性を帯びていたことを示している。〝みじめで救われがたい、憂いに満ちた〟才市は、阿弥陀が身近に感じられた時、阿弥陀、すなわち親さまと共に生きていた。才市は自分が阿弥陀や自己に呼びかけたのではなく、阿弥陀が阿弥陀に呼びかけているのだと感じたのである。才市自身の中にましますを阿弥陀は、視覚的な経験ではない。実際は、阿弥陀が才市の動きの主導権を握っていた。しかし、だからといって、この事は才市が自分自身であることを妨げなかったし、彼が阿弥陀から途方もなくかけ離れた哀れな存在であることには変わりはなかった。しかし同時に、才市は哀れな、この自らの惨憺たる存在でなければ、一体感から生じてくる喜びすべてを体験できないであろうことも感じとっていたのである。(8)

心理学者達は才市は統合失調症の好事例であると言うであろう。しかし、彼らは才市が分裂に苦しむ病人でも精神病患者でもないことを忘れてしまっている。彼は完全に健全な人格の持ち主であって、自己の存在の統一性の感覚も決して失うことがなかった。実際のところ、才市の自己認識は相当深く、しかも明確であるがため、大方のわれわれより以上に、本物の有意義な日暮らしをしていたのである。厄介な結果ばかりを惹き起こす二元論的な心理状態で生きているのは、むしろわれわれの方であって、才市の方ではないのである。

エックハルトはかつて「義《ただ》しい人は永遠のうちに生きる」という説教を行い、その中で次のように言っている。

義《ただ》しい人は神の中に生きており、神は彼の中に生きておられる。何故なら、神は義しい人の中に生まれ、義しい人は神の中に生まれるからである。義しい人が美徳を示すたびに、神は生まれたまい、喜びたもう。そして、一々の美徳だけでなく、どのような行為もそうである。それは義しい人の人徳から磨き出され、正義の内なる行いであるからである。そのような場合こそ、神は実に喜びの余り、身を震わせ喜び、踊りまわらぬところとてない位である。未だ宗教的覚醒を経験していない(*grob*)人びとにとっては、このことは、信仰の問題であるが、目覚めた人びとは知っているのだ。(9)

エックハルトの「未だ宗教的覚醒を経験していない人びとにとっては信仰の問題であるが、目覚めた人びとは知っている」という発言を耳にすると、あたかも明るい光を浴びたように感ずる。粗雑な心の持ち主というのは、五官と知性へのとらわれを超えることが出来ないでいる人たちのことである。何故なら、彼らは般若の直覚の領域で起こることは何も知らずにいるからである。親さまとは、すべての人びとを摂取し、相手の身になり切った心のことであるが、この働きが、才市にその名「南無阿弥陀佛」を聞かしめ、まず、才市自身となるのである。これはエックハルトが、「神を義《ただ》しい人びとの中に、また義しい人びとを神の中に生まれさせた」というのと全く同様で、親さまが自己を才市として個別化し、そうして己の名が才市として個別化した人によって称えられるのを聞くのである。阿弥陀はこうして才市という存在のうちで、「南無阿弥陀佛」(念仏)に身を変え、それと同時に才市は阿弥陀の御名を聞くことによって、阿弥陀となるのである。この南無阿弥陀佛(念仏)は、才市自身が称える声である。このような一体性においては、誰が阿弥陀で、誰が才市なのか区別することは難しい。一方を取り上げれば、必然的にもう一方も付随してくる。こうなると阿弥陀の浄土は才市の暮らしている娑婆世界以外の何ものでもないことになる。この娑婆というのは具体的な存在からなる世界のことである。

(三)　をやわ上《浄土》をどに　わたしわしやば《娑婆》に
をやをもろをて　わたしとひとつ
なむあみだぶつ。

(四)　となりあるきの上《浄土》をどにまいろ
しやば《娑婆》も上《浄土》をどのなむあみだぶつ。

(五)　ねんぶつをもをす《申すじゃない》しやい

ねんぶつにもをされて《(申されて)》

ごくらくにとられてなむあみだぶつ。

X　才市の手記より

この章に記載するものは才市の発言を英語に翻訳したものである。すでに述べてきたように才市の手記には同様な歌が幾千首も見られる。言うまでもなく、それらは宗教体験を学ぼうと志す人びとにとって、この上ない資料となるに違いない。拙い翻訳ではあるが、私がここで試みようとしていることは、読者に才市の精神生活の一端を垣間見てもらうことにある。日本語と英語の双方によほど精通していない限り、真宗の信者の中、最も際立って妙好人的であるといわれる人たちの一人である、才市特有の深い宗教的情感性を英語圏の読者に伝えることは出来ぬと思われる。

ここに選んだ総数一四六のものは、九つの表題で分類してある。この分類法は学術的に系統立ったものではない。というのも、才市の発した言葉には様々な思想が含まれており、互いに関係しあっているため、それぞれの表現を的確に分類することが屢々非常に難しいからである。九つの表題は以下のものである。

一、如来(1)と才市(2)

1

わ太しやあみ犬《阿弥陀》とてまが《手間換》するよ
をがんで《拝んで》(3)やればをがんでこする《くれる》
これがあみ犬のてまがゑよ

2

さいちや仁よらい三わ《如来さんは》犬れが
仁よらい三か仁よらい三わ《は》
わしが仁よらい三であります
ごかい三わ《御開山は》犬れがごかい三か
ごかい三わ《は》わ太しがごかい三で
あります
を京《御経は》をわ犬れがを京をかを京を
わ《は》わ太しが京をて《で》あります

ぼんぶ《凡夫》のこころ《心》わ《は》正ね《性根》なし
正をねないみ《身》がほ《法》を太のしむ
をや《親》のこころをもろを《貰うた》太
からよなむあみ太゛ぶの
こころもろをて

3

ねてをれ《居れ》ばあみ太゛《阿弥陀》がさいちを
をがんで《拝んで》ごする《くれる》わしもあみ太゛
をま太をがむなむあみ太゛ぶつ

4

によらい《如来》の、をんすがたこそ、
かかるあさましき、わたしのすがたなり。
なむあみだぶつ、なむあみだぶつ[4]。

5

ほとけが、ほとけを、をがむこと、
なむが、あみだに、をがまれて、
あみだが、なむに、をがまれて、
これが、き明《帰命》[5]をの、なむあみだぶつ。

6 あみだが、あみだを、となゑつつ、
こゑのこゑ、
なむあみだぶつ、なむあみだぶつ。

7 さいちやあみ犬《阿弥陀》とてまがゑ《手間換》
するぞわしがあみ犬ををがんで《拝んで》
やればみ犬《弥陀》もさいちををがん
でごする《くれる》これがあみ犬とてま
がゑよごをん《御恩》うれしや

8 なむあみ犬ぶつなむあみ犬ぶつ
あな太をすが太《御姿》をがむ《拝む》とき
ぶつ《仏》がぶつ仁をがまするこれをさい
ち仁しらする《知らする》ぶつよさいちやそれが

9 ありが太い
ほをかい正ぶつ《法界諸仏》(6)のゆうことわ、
このさいちを、ほとけにするゆわれ、

10 なむあみだぶつ、なむあみだぶつ。
よろこびわ、ふしぎなもの、
わしとあみだと、なむあみだぶつ。

11 ゑゑな《いいな》、
せかい《世界》、こくう《虚空》がみなほとけ。
わしもそのなか、なむあみだぶつ。

二、親さま(7)

12 をやさまわ《親様は》さいちゆ《才市を》ほとけ
仁するほとけごをん《御恩》うれしや
なむあみ太ぶつ
なむあみ太ぶつ

13 わしのこころとをやさま《親様》わ《は》

14 こころひとつ《一つ》のなむあみ犬ぶつ
わ太しやしやわせよろこびもろて
み犬《弥陀》のよろこびわしがよろこび
なむあみ犬ぶつ

15 をもう《憶う》こころわほ゛と゛け゛のこころ
ほと゛け゛からほ゛と゛け゛もろをて
なむあみだぶつ。

16 ありが太やわしのこころ仁
をやさま《親様》がいりみちてう太かい《疑い》
のくも《雲》はれていまわ《今は》仁し《西》い仁《往に》
むけさせてもろを太《貰うた》わしの
しやわせ《仕合わせ》なむあみ犬ぶと
仁しい《へ》かゑる《帰る》ぞ

17 を仁《鬼》(8)がくるかやじや《蛇》がくるか
しらす仁《知らずに》くらす

18

をや《親》のふところさいちや
よいき《気》でなむあみ犬ぶつ
ちち《乳》をのみのみをやのかを《顔》みて
なむあみ犬ぶつ
をや《親》としられりや
ほとけををかめ《拝め》をやと

19

わ太しわ《は》ひとつ《一っ》もの
きほをい太いなむあみ犬ぶつ《機法一体南無阿弥陀佛》
わしのをやさま《親様》あみ犬《阿弥陀》で
ござるわ太しやあみ太《阿弥陀》のこ《子》で
ござるをや《親》をよろこをぼ《喜ぼう》
なむあみ犬ぶを
なむあみ犬ぶわ《は》
をやこ《親子》のものよをやこなかわ《親子仲は》
これでわかるよ

20 わしのこころとあな太のこころ
こころひとつ《(一つ)》のなむあみ太ぶつ

21 わたしやしやわせ　をやさまもろて
わしをほとけにするをやわなむあみだぶつ。

22 ほをかい《(法界海)》がいわわしがをや
わしがをやならなむあみだぶつ。

23 をや《(親)》とこ《(子)》わ《(は)》う太がいない《(?)》のが
これがよろこび

24 なむ《(南無)》とあみだ《(阿弥陀)》わ、をやこげんかをしてなさる。
かたひら《(片方)》、なむで、かたひら、あみだ、
ざんぎ《(慚愧)》くわんぎ《(歓喜)》の、なかのよいこと。

25 さいちわ《(は)》なむあみ太ぶをと《(どう)》こころ《(心》
ゑて《得て)》をる《(居る)》かへわ《(は)》太くしわ
なむあみだぶ仁もらわれまし太よ
ごほしや《(御報謝)》と《(どう)》をこころゑてをるかへ

ごほしやわ《は》をもいだい太り《想い出したり》
わすれ太り《忘れたり》あさましいものであります

26
なむ三《南無さん》(10)と、あみだ三《阿弥陀さん》と、はなしをしなさる。
これが、をやこの、なむあみだぶつ。

27
なむ三も、あみだ三も、どう《っ》ちもあみだ。
なむあみだぶつ、
このたのしみわ、わしがたのしみ。

28
なむあみ犬ぶわ《は》ありが太いな
なむあみ犬ぶわ《は》しんぞく仁太い《真俗二諦》の
なむあみ犬ぶつ
ごをん《御恩》うれしや
なむあみ犬ぶつなむあみ犬ぶつ
なむあみ犬ぶわ《は》どこからでる《出る》か
をや《親》のむねからでるをじひ《御慈悲》
ごをんうれしやなむあみ犬ぶつ

さいちわ《(は)》どこ仁いくかや
さいちわ《(は)》ごくらくせかい《(極楽世界)》仁い
きまする太れ《(誰)》といくかや
をやさまといきまする
ごをんうれしやなむあみ犬ぶつ
なむあみ犬ぶつなむあみ犬ぶつ

三、念　仏(11)

29

さいちやをもい犬す《(想い出す)》とき《(時)》ばうかり《(ばっかり)》
ねんぶつ《(念仏)》をとなゑるか
をもいださ《(想い出さぬ)》のとき《(時)》わ《(は)》どを《(どう)》するか
へをもい犬さのときわ《(は)》
きほをい太い《(機法一体)》のなむあみ犬ぶつ

でありますをもいだすのも
これからをきる《起きる》ごをん《御恩》うれしや
なむあみ犬ぶつなむあみ犬ぶつ
30 ほをねんさま《法然様は》わろくまんべん《六万遍》
さいちやときどき《時時》ろくまんべんも
ときどきもひとつ《一つ》こと
ごをん《御恩》うれしやなむあみ犬ぶつ
31 仁よらい《如来さん》三わしがよを《ように》仁こが仁《こんなに》
あさましゆて《言うて》もよを《よう》ございますかな
をを《おお》われ《お前》がよを《ような》なあききしい《あさましい?》ものが
をる《居る》ゆゑ《故》仁をや《親》のをじひ《御慈悲》がい太のよ
われ《お前》仁よしらゑて《拵えて》やう《やった》太明《名号》をご太《だ》け《から》
われ《お前》がものよへをわりが《御有難とう》とをございます
ごをん《御恩》うれしやなむあみ犬ぶつ
32 ごこを丁さい《五劫兆載》ふかしぎのくどく《功徳》わ

33

さいゝちがみ《身》にみちて
これがろくじのなむあみだぶつ。
なむあみ太ぶわ《は》みてわ《尽きは》せん
なんぼをゆうてもみてわ《は》せん
さいちがこころもみてわ《は》せん
を《親》やのこころもみてわ《は》せん
をやのこころとさいちのこころ
きほをいたいなむあみだぶつ《機法一体南無阿弥陀佛》
なんぼをゆうてもみてわ《は》せん

34

こんなさいちよいふしきな《不思議な》こと
よなこのこころがほとけ仁
正《性》をかゑる《変える》とゆうわ《は》き明《奇妙》
を《な》なことよななむあみ太ぶわ《は》
と《どう》をゆうことのあるものて《で》
あろを《あろう》か…

35

なむあみ太ぶわつわ《なむあみだぶつは?》
仁ちりん三《日輪さん》のごとく
せかい《世界》のごとく
太いじ《大地》のごとく・うめ《海》のごとく
いか仁さいちがこころでも
さいちやこくう《虚空》仁つつまれて
なむあみ太ぶわ《は》こくうをつつん
でをる《居る》なむあみ太ぶつを
みな三《皆さん》もこの

36

なむあみ太ぶをきいてく太
されじごく《地獄》のがれる
なむあみ太ぶつ
ねんぶつわ、こくう《虚空》なり。
こくうをてらす、ぶつのねんぶつ。
わしのこころを、てらすをやさま。

37 なむあみだぶつ。
どを《(どういう)》ゆわけかわ、わしや、しらねども、
わしに、きたのが、なむあみだぶつ。

38 やれ、あさまし〔い〕の。どが正かい《(どうしましょうかいな)》。
あさましも、なむあみだぶになるゆ〔わ〕れ
なむあみだぶつ、なむあみだぶつ。

39 ほをかいにみななし　たう《(っ)》たひとつのなむあみだぶつ
さいちがしん正《(身上)》これのこと。

40 なむあみだぶが、わしになり、
わしをたのしむ、
あなたたのしむ。

41 あさましと、よろこびわ、どう《(っ)》ちもひとつ。
なむあみだぶつ。

42 あさましの、ざんぎ《(慚愧)》ねんぶつ、
くわんき《(歓喜)》ねんぶつ。

なむあみだぶつ。

43 わたしや、はちまんしせん《八万四千》でも、
をやさまも、をやさまもはちまんしせん。
これが、ひとつの、なむあみだぶつ。

44 なむわ、わたしで、
あみだも、なむで、
なむも、あみだも、なむあみだぶつ。

45 しぬる《死ぬる》み《身》をしなの《死なぬ》み《身》の
なむあみ犬ぶ仁してもらい

46 りん十わ《臨終は》しなん《死なん》がりん十
なむあみ犬ぶ仁なる《成る》りん十

47 しぬる《死ぬる》ことはずいて《外して》もろ《貰うた》を太
わ太くし仁

48 なむあみ犬ぶをあてて《当てて》もろを太
さいちがりん十《臨終》しぬる《死ぬる》こころが

49

し《死》なの《なぬ》こころ仁してもらう
なむあみ太ぶ仁してもらう
し《死》ぬること、しぬるこそ、よけれ、み《身》がらくで、
これにすぎたる、らくもない。
なむあみだぶつ、なむあみだぶつ。

四、機と法(12)

50

さいちやりよげ《領解》を太いて《出して》みよ
へへ太しま正《ましょう》太しま正
あさましやあさましや
なむあみ太ぶつなむあみ太ぶつ
それでわ《は》さいちわ《は》。わからんで
ないかへへわかりますとも

51

わかりますともさいちが
りよけ《(領解)》わ《(は)》きほをい太い《(機法一体)》
なむあみ犬ぶ《(南無阿弥陀佛)》が

さいちがりよげでありま す
さいちやりよて《(両手)》仁はな《(花)》よ
とられ太りもろを太り《(貰うたり)》

ごをんうれしや、なむあみだぶつ。
もをねん《(妄念)》のをきば《(置き場)》をきけば、きほをい《(機法一体)》いたい。
なむあみだぶつ。

52

こんなほとけわ《(は)》よいほとけ
わしのくるほ《(方)》を《(へ)》いついてきて
わしのこころい《(へ)》とりついて
われ《(お前)》を太すくるろくじ《(六字)》のこゑ《(声)》が
きほをい太いなむあみ犬ぶ《(機法一体南無阿弥陀佛)》つ
なんともかんともゆわれんの

53

うまいをじひ《御慈悲》な
かたぎる《偏執する》じやない。
き《機》にかたぎるじやない。
ほを《法》にかたぎるじやない。
をきて《掟》にかなう、なむあみだぶつ。

あさましやわしのこころ仁
な仁《何》がなう太《成った》かわしのこころ仁
こころがなう太つめ《詰め》もかぎり《限り》も
ないこころ

54

これ仁でき太がなむ《南無》の仁じ《二字》
つめもかぎりもないのが
なむの仁じつめもかぎりも
ないのがあみ犬《阿弥陀》
きほをい太い《機法一体南無阿弥陀佛》なむあみ犬ぶつ
これがき《機》のか太《方》ほを《法》のか太

55

ごをん《御恩》うれしやなむあみ犬ぶつ
さいちが仁よらい三《如来さん》わ《は》
どこ仁をん《居り》なさるかへ
さいちが仁よらい三わ《は》
きほをい太い《機法一体》であります
ありが太いななむあみ犬ぶつ

56

なむあみ犬ぶつなむあみ犬ぶつ
さいちやほとけがみ太いなら
こころをみいよきほをい太い《機法一体》
なむあみ犬ぶつ《南無阿弥陀佛》これがさいちが
をやさま《親様》よごをん《御恩》うれしや

57

なむあみ犬ぶつなむあみ犬ぶつ
なむ《南無》がわしなら、あみだ《阿弥陀》もわしよ
これがろくじ《六字》の、なむあみだぶつ(13)。

58

なむ《南無》があみ犬二《阿弥陀》をがまれて《拝まれて》

あみ太がなむ二をがまれて
これがろくじ《(六字)》のなむあみ太ぶつ

59

このさいちわ《(は)》あな太のものあな太
わ太しがものなむあみ太ぶつ

60

さいちが仁よらい三《(如来さん)》わ《(は)》
どこ仁をん《(居り)》なさるかへ
さいちが仁よらい三わ《(は)》
きほをい太い《(機法一体)》であります
ありが太いななむあみ太ぶつ
なむあみ太ぶつなむあみ太ぶつ

61

さいちやをやさま《(親様)》なんとゆう
あみ太《(阿弥陀)》ぶつぶつゆうてをる《(居る)》よ
をやさまわ《(親様は)》なんとゆう
なむ《(南無)》よなむよとゆてをるよ
あな太わ太し仁

62

わ太しわ《は》あなた太きほ《機法一体》をい太い
なむあみ犬ぶつ《南無阿弥陀佛》
さいちよいへあな太みる仁わ《は》
どを《どう》してみるかあな太みる仁
もあみ犬《阿弥陀》のかがみ《鏡》これできほ《機法》
をがみなみゑる・これからう《上》ゑ
わ《は》・ざんぎ《慚愧》仁くわんぎ《歓喜》これわ《は》これわ《は》
ごをん《御恩》うれしやなむあみ犬ぶつ

63

あさましやあさましいのも
をのずから《自ら》でるありが太や
ぶうとん《仏恩》もをのずからでる
き《機》もほ《法》をもをや《親》のは太らき

64

まるででるごをん《御恩》うれしや
わしわ《は》て《手》いらす《要らず》
ごをんうれしやなむあみ犬ぶつ

なむあみ太ぶつなむあみ太ぶつ

五、浄土と娑婆と地獄(14)

65 さいちやな仁《何》がうむしろい《面白い》
まよい《迷い》のうきよ《浮世》がうむしろい
ほ《法》をよろこぶ太ね《種》となる
なむあみ太ぶのはなざかり《花盛り》

66 しやば《娑婆》も、じよど《浄土》も、みなひとつ、
じいぽみじんせかい《十方微塵世界》も、わしがもの、
なむあみだぶつ、なむあみだぶつ。

67 このしやばせかい《娑婆世界》から、ごくらくに、
うまれるはやみちわ、ほかにない。
やうぽり《っぱ》このしやばせかいなり。

しやばのせかいも、なむあみだぶつ。
ごくらくのせかいも、なむあみだぶつ。
ありがたいな、ありがたいな。
さいちがこのめがさか《(目が境)》ゐ(15)。
なむあみだぶつ、なむあみだぶつ。

68 さいちや、どこにねてをるか。
しやばの上をど《(浄土)》に、ねてをるよ。
をこされてまいる、みだの上をどに。

69 ここわ《(は)》しやば《(娑婆)》わしのこころわ《(は)》じごく《(地獄)》の
うまれ

70 さいちやしぬりや《(死ぬりゃ)》太れとごくらく《(極楽)》二まいる《(参る)》か
わ太しやゐんま三《(炎魔さん)》とまいりますよ
ま太さいちがあがな《(あんな)》ことをゆ《(言う)》
ゐんまさんとごくらく二まいるものがをりや《(居りゃ)》
すまいそれでもわしやゐんま三とまい

るぜこんなさいちよいあがな《(あんな)》つまらんこと
わ《(は)》ゆわんがよいそりやあな太らのがちがうが
それでもごわ三さま《(御和讃様)》二《(は)》わゑんまほ《(炎魔法王》を
そん京《尊敬ス》すごどをのみよくわんみとも二《五道ノ冥官ミナトモニ》
よるひるつね二まもるなり《ヨルヒルツネニマモルナリ》とゆう・をんな《(ゆうて居りな》
さる《さる)》じやないかをまいら《(お前等)》もゑんまさまを
太のしみなされこれがなむあみ犬ぶつで
ありますせかい太のしみやゑんまさま
このさいちもゑんまさま二まもられて
このさいちもゑんまさまもみなひとつ《(一つ)》
なむあみ犬ぶでござります
これが太のしみなむあみ犬ぶつ
さいちこがな《(こんな)》太のしみ《(楽しみ)》や《(は)》犬れ二ゆうて《(言うて)》かう太か《(聞かせた)》
へわ太しゑんまさま仁ゆうてかし《(聞かせ)》なさう太《(なさった)》よ
ゑんまさまわ《(は)》よ《(よう)》をこそよ《(よう)》をこそ

71 うれしいうれしい
なむあみ犬ぶつなむあみ犬ぶつ
わたしや、しやわせ。
し《(死)》なずにまいる。
い《(生)》きさせてまいる上をど《(浄土)》が、
なむあみだぶつ。

72 なむあみだぶに、まいらせて、
し《(死)》なずにまいる、なむあみだぶに。

73 しやば《(婆婆)》のせかいわ上をど《(浄土)》のこにわ《(小庭)》
こにわみさせて上をどたのしむ
なむあみだぶつ。

74 びんぼ《(貧乏)》すりや、また、たのしみやふかい、
い、みだの上をど《(浄土)》を、ここでたのしみ。

75 なむあみだぶつ。
しやば《(婆婆)》と上ど《(浄土)》がちがうなら

わたしやほ《(法)》をわきかんのに
わしもしやば《(娑婆)》も上《(浄土)》をどもあみだ《(阿弥陀)》もみなひとつ
なむあみだぶつ。

76 しやば《(娑婆)》のせかい《(世界)》も、あなたのせかい。
さいちがご正《(後生)》をの、さだまるせかい。
ここわ、あなたの、まちぶせのちやや《(待伏せの茶屋)》。

77 上《(浄土)》をどにかわるしやばせかい《(娑婆世界)》
わしもかわるぞなむあみだぶと。

78 しやばのうきよでごくらくもろて
これがたのしみなむあみだぶつ。

79 わしのうまれわ、じごくのうまれ、
わたしや、たびいぬ《(宿なし犬)》、をすべて《(尾をすぼめて)》、
うきよをすごす、なむあみだぶと。

80 やれうれしや、なむあみだぶつ、
わしがごくらく、わしがをやさま、

81 なむあみだぶつ。
ひかりかがやく、あみだの上をど《(浄土)》、
わしが上をどで、なむあみだぶつ。

82 ごくらくときけど、さほどにもなし、
ないこそよけれ、みがらくで、
なむあみだぶつ、なむあみだぶつ。

83 ごくらくせかいわ《(極楽世界は)》わしがもの
なむあみ犬ぶときく《(聞く)》ばかり

84 ありが太いひとわ《(は)》しぬる《(死ぬる)》二わしやしなの《(死なぬ)》
しなの二まいるみ犬《(弥陀)》の上をど《(浄土)》二

85 さいちやごくらく《(極楽)》み太こと
あるかさいちやごくらく
み太こ太《(ことは)》ないよないがゑゑ《(好い)》
よはつまいり

86 ありがたいな。

わたしや、をぼゑずしらずにくらす。
じねん《(自然)》の上をど《(浄土)》に、これがいぬるか。

87 ありが太やわしのこころ仁
をやさま《(親様)》がいりみちてう太かい《(疑い)》
のくも《(雲)》はれていまわ《(今は)》仁し《(西)》い仁《(往に)》
むけさせてもろを太《(貰うた)》わしの
しやわせ《(仕合わせ)》なむあみ犬ぶと
仁しい《(へ)》かゑる《(帰る)》ぞ

88 ふうち《(仏智)》ふしぎわ、わしを上をど《(浄土)》に、
なむあみだぶつ。

89 をそろしや《(恐ろしや)》うきよ《(浮世)》のしやば《(娑婆)》や
わ《(は)》むけん《(無間)》のご《(業)》をことごとく
みなむけんありが太や
これがてん《(転)》じて上をど《(浄土)》の
むけん《(無間)》

90
ふしぎとわみゑの《(ぬ)》をじひがここでみゑると
十まんをくど《(十万億土)》もここでみゑるぞ《(ぞ)》
なむあみだぶつ。

91
わ太しやじごく《(地獄)》仁をちる《(落ちる)》じや
ないよじごくわ《(は)》げん《(現に)》仁すみ《(住》
か《処)》すみかこれがじごくの
すみかぞかし

92
ほをかい《(法界)》わなんぼかたう《(っ)》てもみせ《(て)(なくならぬ、語りつくせぬ)》わせん
これがごくらくなむあみだぶつ。

93
ほをかい《(法界)》わさいちがくにでなむあみだぶつ。

94
みだの上をど《(浄土)》に、かゑるひと、
なむがあみだ《(阿弥陀)》にのせられて、
かゑる上をどが、なむあみだぶつ。

95
を上《(往生)》わ、いまのこと、
なむあみだぶつにてを上《(往生)》すること、

なむあみだぶつ。

六、貰いもの(16)

96 うきよ《浮世》わ、さもあらばあれ、
む明《無明》をのしやくせん《借銭》、はろを《払ふ》てもろて、
うれし、うれし。

97 どがゆうても《どう云うてもね》の、あなたのほをからだ《方からだからね》け。の。
ありがたいよ。な。うれしいよ。な。
なむあみだぶつ、なむあみだぶつ。

98 なむあみだぶわをけな《大きな》ほと、〔け、〕
せかいくうき《世界空気》がなむあみだぶつ
わしのこころもをけな《大きな》こころ
せかいにみちるわしのつみ

99

いかなさ、い、ちもあ、な、たにかての《(ぬ)》
わしのつみいまわあ、な、たにひきまわされて
いまわ上《(浄土)》をどにひきとられごをんごをんのなむあみだぶつ。
をや《(親)》仁もろを太《(貰うた)》・ろくじ《(六字)》のかね《(金)》わ《(は)》。
なんぼ。を・つこをても《(使うても)》。みてわ《(尽きは)》せん・

100

このかねわ《(は)》。犬太せば。犬すほど・ふ
ゑ《(増え)》ますよ。き明をな《(奇妙な)》。かねであり
まする。わ太しやよいものもろを
太ごをん《(御恩)》うれしやなむあみ犬ぶつ
さいちやもろを太《(貰うた)》もろを太ゆうが
な仁をもろ太もろを太もろを太
み太さま《(弥陀様)》の明をご《(名号)》を太犬《(で)》ても
ろを太これ仁さいちがあんと《(安堵)》し太
あんどし太き《(機)》わ《(は)》とられ太《(取られた)》ことよ
とうて《(取って)》もろを太をやさま《(親様)》わ《(は)》

101 なむあみ太ぶがわしがをやさま
こころをみさせてもろを《(貰うた)》太さいち
ごをん《(御恩)》うれしやなむあみ太ぶつ
なむあみ太ぶつなむあみ太ぶつ

102 ああ、せかいにみちるなむあみだぶつ。
せかいわ、わしがをやにもろをて、
これがたのしみ、なむあみだぶつ。
によらい《(如来さん)》三、

103 あなた、わたしに、み《(身)》をまかせ、
わたしや、あなたに、こころとられて、
なむあみだぶ。

104 あさましや。
さいちこころわ、あさましや。
もをねん《(妄念)》がいちどにでるぞ。
にがにがしいあくのまぜりた《(混った)》ひ《(火)》がもゑる。

あくのまぜりたなみがたつ。
あさましや、ぐち《愚痴》のまぜりたひがもゑる。
じやけんもの、あさましや、
とどめられんか。
さいちがこころ、くよくよと、
をきるこころをたする《尋ね》みれば、
天に《を》ぬり《乗り》こすさいちのこころ。
ここにちしき《知識》のごけど《御化導》をあり。
これ、さいち、ここが、そなたのききば《聞き場》ぞよ。
ありがとをござります。
みだのほんぐわん《本願》、なむあみだぶができたから、
われが《お前が》あんずることわない。
きけよ、きけよ。
なむあみだぶをききぬれば、
われがをを《往生》上これにある。

105

なむあみだぶわ、われがもの、
ごをんうれしや、なむあみだぶつ。
もをねん《妄念》のをきば《置き場》をきけば、きほをいいたい《機法一体》。
なむあみだぶつ。
このこころでじいぽをみじんせかい《十方微塵世界》を、
ぶつやぼさつやをやさまとあすんで《遊んで》をるが、
このこころ、なむあみだぶをたべてあすんで、
なむあみだぶと、ともにひくらし、
ごをんうれしや、なむあみだぶつ。
どな太仁もわがこころく《苦》をみて
をじひ《御慈悲》をう太ごをて《疑うて》わ《は》
をんな《居り》さらんかやそれわ《は》まこ
と仁ををこころちがい《大心違い》であり
ますこのあくぼんぶ《悪凡夫》がのく《苦》が
太から《宝》仁なりますここをよく

106

ごゑん《御縁》仁あいなされ
なむあみ犬ぶわ《は》まこと仁ふしぎ《不思議》であります
まこと仁なむあみ犬ぶのふし
ぎなことわ《は》うみ《海》やま《山》太べもの《食物》
みず《水》つくりや《造り屋》のき《木》そのほかい才《一切》
のものほんぶ《凡夫》ので《手》仁かかるもの
ことごとくみななむあみ犬ぶの
へんげ《変化》でありますここをよく
どな太も正ち《承知》してく犬され
これがをや《親》のをじひであり
ますごをん《御恩》うれしや
なむあみ犬ぶつなむあみ犬ぶつ
ありがたいな。
ごをんをもゑば、みなごをん。
これ、さいち、なにがごをんか。

へゑ。ごをんがありますよ。
このさいちもごをんでできました。
きものもごをんでできました。
たべものもごをんでできました。
あしにはく、はきものもごをんでできました。
そのほかせかいにあるもの、みなごをんでできました。
ちやわん、はしまでもごをんでできました。
ひきば《仕事場》までもごをんでできました。
ことごとくみな、なむあみだぶでござります。
ごをんうれしや、なむあみだぶつ。

107 わしをほとけにしなさることわ
ごをんやまやまかぎりない
なむあみだぶつ。

108 さいちがびよき《病気》わ《は》なむあみ犬ぶを
のみこめばなをる《直る》かいいやひんなら《そんなら》ど《(ど》

109

《う)》
をすればなをるかへさいちがひよき《(病気)》わ《(は)》
なむあみ犬ぶつさま仁のみこまれる
でなをるでありますさいちや
ろくじ《(六字)》のぐやんやく《(丸薬)》仁まるで《(丸で)》のまれて
ろくじのなかでをんれいほ《(御礼報謝)》をしや。
ほをしやするのもふしぎな《(不思議な)》ものよ
ふしぎふしぎでほをしやするのよ
ごをん《(御恩)》うれしやなむあみ犬ぶつ
さいちやよいものもろを《(貰う》
《た)》太よごこ《(五劫思惟)》をしゆいをもろ《(貰う》
《?)》をよさいちわ《(は)》こがあな《(こんな)》
をを《(大きな)》けなものをもろを《(貰うて)》て
をきば《(置場)》があるまさい《(まい)》ちが
このなかい《(へ)》とられるのよ
ありが太いよの

110
なむあみ犬ぶつなむあみ犬ぶつ
なむあみ犬ぶわ《(は)》ふしぎな《(不思議な)》
明《(名号)》をごをもうとる《(持っとる)》よ
さいちがこころからわき《(湧き)》
でるよそのはずよ
きほをい太いなむあみ犬ぶつ《(機法一体南無阿弥陀佛)》

111
さいちよいへなむあみ犬ぶの
あじ《(味)》わ《(は)》ど《(どんな)》がなあじ(17)がするかへ
なむあみ犬ぶのあじわ《(は)》どがな《(どんな)》あ
じがするかへなむあみ犬ぶの
あじわ《(は)》くわんぎむね《(歓喜胸に満ち)》仁みちかつ《渇》
ごをむきも仁みち《(仰肝に満ち)》うしを《(潮)》のみち
るごとくなりこれわ《(は)》これわ《(は)》と
太まげる《(魂消る)》ばかり

112
をやさま《(親様)》仁わ太しや太ずねて

み太いものわ太しのつみ《罪》を
ど《どう》をしてけすかつみごめ《罪籠め》仁
なむあみ犬ぶ仁のせられて《乗せられて》
ご《御恩》をんうれしや

113

なむあみ犬ぶつなむあみ犬ぶつ
三んどく《三毒》がなむあみ犬ぶ仁
つれられて《連れられて》なむあみ犬ぶとつれ
ては太らくご《御恩》をんうれしや

114

なむあみ犬ぶつなむあみ犬ぶつ
をや《親》の。かんなん。くろ《艱難苦労》をの・を《御》
じひ《慈悲》・これを・さいちが。ききとる
と。をもをて《思うて》をう太《居った》わ《は》それりや《そりゃ?》
まちがいよ

115

さいちのごく十あく仁ん《極重悪人》が
ゆい正ぶつ《唯称仏》仁なるとやありが

太いなごをん《御恩》うれしや
なむあみ犬ぶつなむあみ犬ぶつ

116 あさましやつみ《罪》のさん犬ん《算段》ぼんぶわ《凡夫は》いら《いらぬ》
らのつみさん犬んをや《親》仁まかせて
ごをん《御恩》うれしやなむあみ犬ぶつ

117 わしのこころを、あなたにあけ《げ》て、
あなたこころを、わしがもろをて。

七、心のありさま(18)

118 ぼんぶわ(19)、ほとけとくらされん、
ざんぎくわんぎがないかわ《ら》よ、
ざんぎくわんぎのあるひとわ、ほとけとくらす、
なむあみだぶつ。

119 わからん〔と〕ゆうて、ぼんのを《煩悩》[20]を〔を〕つらまゑて《つかまえて》、
せんぎしてをる。
ぼんのをわ、くどく《功徳》のたい《体》なり。
わしや、をかし〔い〕よ。

120 もしも、あさましがないならば、
わたしやじやけんでみをすごす、
あさましもろ《貰うた》をたわしがしやわせ、
なむあみだぶつ、なむあみだぶつ。

121 ぼんぶ《凡夫》わからにや、じやけん《邪慳》なり。
あさまし。
ぼんぶわかれば、ざんぎ《慚愧》なり。
なむあみだぶつ。

122 さいちやぐち《愚痴》がでるでる
さいちやとんよく《貪欲》がでるでる
さいちやひ《火》がもゑるもゑる

123

さいちやもゑるはす《筈》太《だ》よあく《悪性》正犬
さいちがこころわ《は》みなあめ《雨》犬
さいちがこころわ《は》あめのなか仁
あめがをる《居る》ごとくみなあめ犬
さいちがこころち《は》きり《霧》のなか仁
きりがをるごとくみなきり犬
さいちがこころわ《は》あさましばかり

124

あさましのたがいにざんぎのをきるのわ
こんど上《浄土》をどにまいて《詣って》から
いまのざんぎわをそ《嘘》のかわ《皮》
このさいちがざんぎわをそをそ《嘘嘘》
をそ《嘘》のかわ《皮》をそのかわをそのかわをそのかわ
をそ《嘘》のかわ《皮》がをそ《嘘》をつつんではつかしの《はづかしいのう》
はつ《づ》かしいのもをそ《嘘》のかわ《皮》
〔をそのかわ〕がくちにでて　こんなさいちわばけのかわ

もう《っ》たいなくもぜんじしきさまをばけのかわでばかします
あさましあさまし
そりやそりやまたさいちがばけたよ
このさいちわばけばかり　は《ば》けのかわほかなんにもない
ただあさましばかりさいちがゆうこと
あさましいのか《が》をそ《嘘》のかわ《皮》
まことあるのわをやさまばかり
ばけのかわをまるでとられてなむあみだぶつ。

125
さいちやこころをど《どう》をしてみ太か
こころみる仁わ《は》あみ太《阿弥陀》のかがみ《鏡》
あさましやわしのこころのあさま
しやわしのこころのあさましわ《は》
こくう《虚空》のごとくはて《果て》がないあさましや

126
さいち《才市》やあさましいせ《背》ゑの太《高さ》か
さわ《は》五尺仁《に》とわの《届かぬ》こころひとつわ《は》

127

十ぽを仁《十方に》やつま太《八又分岐》さかし
さいちやあく仁ん《悪人》あさましや
うきこと《憂き事》に、ををた《逢ふた》ひとなら、わかるぞな。
うきことに、あわざるひとなら、わからんぞな。
ためき《溜息》ほど、つらいものわ〔な〕い。
こころのやりばないためき、みだ《弥陀》にとられて、
なむあみだぶつ、なむあみだぶつと、
もをすばかりよ。

128

さいちやわるい《悪い》ことそこ《底》がない
をや《親》のゑゑ《善い》ことそこか《が》ない
ごをん《御恩》うれしやなむあみ太ぶつ

129

あさましの、ざんぎしん《慚愧心》もむねにある。
ありがたの、くわんぎしん《歓喜心》もむねにある。
ざんぎ、くわんぎのなむあみだぶつ。(21)

八、無一物(22)

130 さいちにや、なんにもない。
よろこびほかにわ、なんにもない。
ゑゑ《よい》も、わるいも、みなとられ。
なんにもない。
ないが、らくなよ、あんきなよ。
なむあみだぶに、みなとられ、
これこそ、あんきな、なむあみだぶつ。

131 わしのとんよく《貪欲》、みなとられ、
せかいわ、わしがなむあみだぶつ。

132 わたしや、あなたに、みなとられ、
ねんぶつもろをて、なむあみだぶつ。

九、内的生活(23)

133 ありがたいのわみなをそ《嘘》で
なんともないのがほん《本当》のこと
これほどあんき《安気》なことわない
なむあみだぶつなむあみだぶつ。
　あんきにねました。

134 なんともない　わたしやなんともない
なんともないのがなむあみだぶつ。

135 このさいちをほとけになさること
しらの《ぬ》まんまがなるだそな《そうな》。

136 あさましやあさましいのも
をのずから《自ら》(24)でるありが太や

ぶうとん《(仏恩)》もをのずからでる
き《(機)》もほ《(法)》をもをや《(親)》のは太らき(25)
まるででる《(26)》ごをん《(御恩)》うれしや
わ《(は)》しわて《(手)》いらす《(要らず)》
ごをんうれしやなむあみ太ぶつ

137 わたしやなんともない、
よばれるこゑにこころとられて、なむあみだぶつ。

138 ありがたいのわみなをそ《(嘘)》で
なんともないのがほん《(本当)》のこと
これほどあんき《(安気)》なことわない
なむあみだぶつなむあみだぶつ。

139 こんなさいちわありがたいかや
なんともない
なんぼきいてもなんともない
なんともないのをさがすじや〔な〕い

140 なんともない　わたしやなんともない
なんともないのがなむあみだぶつ。

141 ありがたいのがあんじん《安心》(27)じ［や］ない
なんともないのがなんともない
ありがたいのわばけもの(28)よ
ほんまほんま《本当本当》。

142 まいるをちるわわたしじやしれの《ぬ》
みだのせいぐわんなむあみだぶつ。

143 うたがいとられたしりもせす《ず》
ごをんよろこぶことしらの《ぬ》
なむあみだぶつなむあみだぶつ。

144 わたしや、うれし。
ぼんぶ《凡夫》(29)のねぎりをしてもろて、
あう《つ》てないのも、をなじこと、
うれし、うれしのなむあみだぶつ。

145

さいちよい。へ。たりきをきかせんかい。
へ。たりき、じりきわ、ありません。
ただ、いただくばかり。

146

さいちがぼんの《(煩悩)》を、どこにいた《(行った)》。
いまにあるぞ。
にくい、かわい、ほしいぞ、
あさまし、あさまし。

注

I

（1）エックハルトの著作の英訳には二種あり、一つは英国人によるもの、もう一つはアメリカ人によるものである。二巻からなる英国のものはC・ド・B・エヴァンスのもので、一九二四年にロンドンのジョン・M・ワトキンス出版社刊。米国版の翻訳はレイモンド・B・ブレイクニーによるもので、一九四二年に、ニューヨークのハーパー・アンド・ブラザーズ出版社から刊行。二つともエックハルトのものとして知られているドイツ語の著作の完訳ではない。フランツ・プァイファーは、一八五七年に主として十四世紀ストラスブルク地方語である高地ドイツ語によるエックハルトの著作の集成を出版した。この版本は一九一四年に再版された。ブレイクニーとエヴァンスの翻訳は、主としてプァイファー版に基づいている。本書においては、「ブレイクニー」はブレイクニー版を指し、「エヴァンス」はエヴァンス版の第一巻を指し、他方、「プァイファー」は一九一四年刊行の彼のドイツ語版を意味する。

（2）ブレイクニー訳、二一二頁。

（3）エヴァンス訳、二〇九頁。

(4) ブレイクニー訳、二九二頁。
(5) 同書、六二頁。
(6) 同書、二七八頁。
(7) エヴァンス訳、二〇六頁。
(8) ブレイクニー訳、二二四—二二五頁。
(9) エヴァンス訳、二四七頁。
(10) ブレイクニー訳、一八〇頁。
(11) エヴァンス訳、三八頁。
(12) エックハルトが引用。ブレイクニー訳、三〇五頁。
(13) ブレイクニー訳、二一四頁参照。
「今の瞬間に生きている魂とは、まさに、その中に父なる神はその独り子を生みたもう魂であり、その誕生において、魂は神の中に再生するのである。ひとたびの誕生の内実は、魂が神の内に再生するのと、父なる神が、魂の内に独り子を生みたもうのと同時であるということに他ならぬ」(この最後の文章はエヴァンス訳、二〇九頁より)。
(14) 同書、「弁明」、三〇三頁。
(15) エヴァンス訳、一四二—一四三頁。
(16) 『芸術における自然の変容』二〇一頁。
(17) ブレイクニー訳、「離脱について」、八二頁。

訳者は原語 *abegescheidenheit* を英訳するのに "*detachment*" よりは "*disinterest*" をよしとする。私はどちらがより適当か分からぬ。このドイツ語表現は、サンスクリット語の *anabhinivesá*(日本語の無執着、中国語の *wue chih chu*)に相当し、「執《とら》われず」「執着しない」の意。

(18) エヴァンス訳、三四一―三四二頁(一部改変)。

(19) ブレイクニー訳、二九八―二九九頁。

(20) エヴァンス訳、一四三頁。

(21) ブレイクニー訳、二四七頁。

(22) 同書、八九頁。

(23) 同書、二一六頁。

(24) 同書、八九頁。

(25) "*Von erkennen kennelos und von minne minnelos und von liehte vinster.*" プファイファー訳、四九一頁。

(26) ブレイクニー訳、八八頁。

(27) アーサー・ウェイレイ訳(彼の *The Way and Its Power.* 一九三四年。ジョージ・アレン・アンド・アンウィン有限会社刊より。ここに続く『道徳経』からの引用は、皆、私訳を用いる)第四章。ここでの神は、エックハルトのように、神性とは区別されている。最後の二行は大拙の私訳による。

(28) エヴァンス訳、一四八頁。

(29)『碧巌集《へきがんしゅう》』あるいは『碧巌録《へきがんろく》』と題され、「碧《あお》い巌のコレクション」すなわち「青巌の記録」を意味する。

(30) エヴァンス訳、一三頁。

(31) "*Hie muoz komen in ein vergezzen und in ein nihtwizzen*" ファイファー訳、一四頁。エヴァンス訳、一三頁。

(32) この箇所の原文は、詳しい解釈が必要であろうと思われるので、ここで圜悟の表現は現代風にした。

(33) 菩提達磨のこと。

(34) 日本語では「相」、中国語では「シャング」、梵語では「*laksana*」という。

(35)『伝燈録』一一巻。

*(訳注) テキストには七とあるも、年表により八とする。

II

(1)『法句経』S・ラーダクリシュナン訳(オックスフォード大学出版社、一九五一年)第二七七—二七九偈、一四六—一四七頁。しかしながら本書中の引文において、時に訳者に従わぬことあり。

(2)『禅の研究』(ロンドン、ライダー・アンド・カンパニー、一九五五年)八五—一二八頁。

(3) エヴァンス訳、一四七頁以下。

(4)『法句経』第三四八偈、一六七頁。
(5)『入楞伽経の研究』二二三頁以下。
(6) *sabbe dhamm ānattā' ti yadā paññāya passati.*
(7)『法句経』(オックスフォード大学出版社、一九三六年)一五三—一五四頁。
(8) パーリ語では*Dhamma*。これには多くの意味があり、一様に訳し出すことは難しい。ここではそれは真理、実在、規範を意味している。
(9)「主の恵み深きことを味わい知れ、主に寄り頼む人は幸いである」(詩編・三四—八)。
(10) エヴァンス訳、二四六頁。
(11) ファイファー訳、三一九頁。“*Du mit ime verstandest ewicliche sine ungewordene istikeit under sine ungenanten nihtheit.*”
(12) エヴァンス訳、二四六頁。
(13)『入楞伽経』D・T・鈴木訳(ロンドン、ジョージ・ルートレッジ・アンド・ソンズ有限会社、一九三二年)、七七頁。
(14) エヴァンス訳、二二八頁。
(15) 同書、二〇四頁。
(16) 同書、同頁。
(17) 同書、三七頁。
(18) ドイツ語訳の“*Ein luter wesen*”。“*Luter*”は〝際限なく形相を超えている〟に対して〝明白ではっきり知られ分別できる〟こと。

(19) エヴァンス訳、二〇四—二〇五頁。

(20) エックハルトの引用。エヴァンス訳、二〇五頁。

(21) ファイファー訳、二九六頁。

(22) 圜悟の手短で大まかに織りなされた中国語を多少近代的に解釈してみた。

(23) 文字通り「問いと答」。

(24) 聖アウグスチヌス『告白』一一章一四節。

(25) エヴァンス訳、一三四頁。

(26) ブレイクニー訳、二三一頁。

(27) エヴァンス訳、二二一頁。

(28) ブレイクニー訳、七二頁。

(29) 同書、七二、七三頁。

(30) 〝*Ein unbedahtiu warheit*〟(ファイファー訳、二八四頁)、つまり、予め考えられたものではなく、自ずから意識される真理。

(31) ブレイクニー訳、二三二頁。

(32) 『禅の研究』一二六頁。

(33) ファイファー訳、二六五頁。

(34) 『大燈国師語録』より。

（35）原文には「三十三天二十八宿」とある。
（36）文面では、「花火がまだドンと炸裂する以前」。
（37）「白い雄牛」は最高の実在の象徴。
（38）師匠の多少皮肉な評言。
（39）『律蔵』一巻八頁。『中部経典』（チャーマー卿訳、オックスフォード大学出版社）一二頁、二六。
（40）興味深いことにこれと異なった典拠ながら、同様な感懐を響かせているもう一つの偈文が『法句経』第三五三偈にあるのに気づく。これらは同一の原資料に基づいている可能性がある。『法句経』の方は次のごとくである。
「われはすべてに打ち勝った。われはすべてを知る。どのような境遇におかれても、われは煩悩に汚されることはない。われはすべてのものを捨離し、渇愛が尽きて自在を得た。並びなき智慧を自ら得たわれは何人を指してわが師と言えようぞ？」
（41）エヴァンス訳、一四頁。この説教での「この誕生」とは「新たに生まれた存在」、あるいは「神の子になった人の子」である。それはまた、「みことばを聞くこと」であり、そのみことばは「無知の中で正しく知る人」に開示される。
（42）ブレイクニー訳、一七九頁。
（43）同書、同頁。
（44）これらの問答は大方の読者諸賢には謎めいて聞こえるかも知れぬ。よりよい機会でもあらば、そこで念入りな説明をしたい。

Ⅲ

（1）ブレイクニー訳、八一頁。
（2）同書、二〇六頁。
（3）同書、八〇頁。
（4）同書、七九頁。
（5）同書、七八頁。
（6）同書、七九頁。
（7）同書、七九―八八頁。
（8）同書、一六六頁。
（9）同書、八一頁。
（10）同書、同頁。
（11）同書、一六八頁。
（12）同書、一六六頁。
（13）同書、一六五頁以下参照。
（14）同書、二〇三頁以下参照。
（15）エックハルトは聖パウロの発言として次の言葉を引いている。

「私がわが朋友達のため、そして神のために、永遠に神から切り離されてもいとわない」。

私見によれば、これはキング・ジェームズ版の聖書中の〝ローマ人への手紙〟(九—三)に相当するものである。

「しかし、私の兄弟、肉による同族のためなら、私のこの身が呪われて、キリストから離されてもいとわない」。

手元にギリシャ語の原文がないので、この二つの引用文の間にどうしてこういう食い違いが起こるのか分からないが、エックハルトは論議をラテン語の原文に基づいてなしているものと思う。

(16) 同書、二三一頁。

(17) ドイツ語の原語は〝*in miner ersten ursache*〟。翻訳者がこの訳語に置き換えたのである。これが適切な翻訳であるかどうかは知らぬ。

(18) ブレイクニー訳、二二八頁。

(19) 同書、二二九頁。

Ⅳ

(1) 『哲学の辞典』ダゴベール・D・リューヌ編(ニューヨーク、哲学ライブラリー)。
The Dictionary of philosophy edited by Dagobert D. Runes (New York: Philosophical Library) p. 97.

(2) ヘンリー・ヴォーン「世界」。

(3)『西洋哲学史』一四四頁。

(4)『プラトンの対話篇』B・ジョウェット訳(ロンドン、オックスフォード大学出版社)第三巻四五六頁。アメリカではランダムハウス社出版。

(5) 同書、三九八頁。

(6)『中論』(中道に関する論述)。

(7) ものごとの〝自然法爾《じねんほうに》〟のあり方において。

(8)『壁のひび割れに咲く花』。

(9)〝慈悲心〟、仏教で愛に相当するものと言えよう。

(10) よく見れば
なずな花咲く
垣根かな
(注意して見ると、何と垣根にはなずなが咲いているではないか!)

(11)『瞑想幾世紀』トマス・トラハーン(一六三六―七四年)著(ロンドン、P・J&A・E・ドベル)一九頁。

(12) 同書。

(13) ブレイクニー訳、一八〇頁。

(14) エックハルトの「公平」を期するという考えは、彼の『説教』(第一八)(ブレイクニー訳、一七八―一八二頁)中の次のような一節から拾い出すことができよう。

「誰にであれ、その人に属するものをその人に与える人が、公平なる人なのだ」。

「大小、好悪に係わりなく、等並《ひとしな》みに神から授けられるがまま、どんなものでも他と変わりなく、皆平等に受けとる人びとが公平なる人びとなのだ」。

「公平なる人びとは神と等並みに、深すぎも高すぎもせず、永遠に神と共に生きる」。

「神と私、われらは一如だ。神を知ることにより、私は神を摂り入れる。神を愛することにより、私は神の内に滲透する」。

(15)『問答』。

(16) ブレイクニー訳、二〇四頁。

(17) 同書、二〇七頁。

(18) 同書、二〇五頁。

(19) 同書、二〇九頁。

(20) 同書、一八一頁。

＊(訳注) ペンドル・ヒル(クェーカー本部)における講演の草稿。

＊＊(訳注) 洞山聰禅師。

V

(1)『法句経』第一五一―一五二偈。

＊(訳注) 原文は十九であるけれども、ここでは十六とした。

Ⅵ

（1）コリント前書、一五―一四、一七。

＊（訳注）「超越的自我」は本当は「自己」と表現すればはっきりすると思われるが、初めに「自我」に二種分けた以上は、自我という言葉で終始したらどうかとも思われる。

Ⅶ

（1）神はモーセに言われた。
「わたしは有って有る者」。

また言われた。

「イスラエルの人びとにこう言いなさい。「〝わたしは有る〟という方が、わたしをあなた方のところへつかわされました」と」（出エジプト記・三―一四）。
（2）ブレイクニー訳、二〇五頁。
（3）五祖法演（―一一〇四年）。
（4）これらは主な大乗の菩薩たちである。すなわち、観音、勢至、文殊、普賢。
（5）ブレイクニー訳、一七頁。
（6）ブレイクニー訳、二〇五頁。
（7）下記参照。

(8) 彼女は「このまま」(ありのまま)をこういっている。

(9) 「このまま」について、才市はこのような意味のことをいっている。[訳注:この歌の典拠は、「春　二八九頁61」(三四〇頁の訳注を参照、以下同)]

このままとくち《(口)》でわ《(は)》いゐど《(言えど)》
このましらの《(知らぬ)》このましらの
このままなしほ《(法)》をあらめ《(荒目)》仁きく
しと《(人)》わ《(は)》このましらのこのまま
しらのじやけんもの《(邪見もの)》じやけんも
のとわ《(は)》さいちがことよ

(10) ブレイクニー訳、二〇五頁。

(11) よこしまな欲望。

(12) 下記の本文参照。

(13) 「機」とは、もと「はずみ」を意味するが、真宗では殊に帰依の態度をもって阿弥陀に近づく信者を意味する。自力が係わっている限り、彼は阿弥陀と対立する。「法」は「ダルマ」・「実在」・「阿弥陀」であり、「他力」である。この対立は、われわれの知解には矛盾に見えるが、われわれの意志にとっては、「懸念《けねん》」・「怖《おそ》れ」・又は「不安」を暗に示す状態のように映る。「機」と「法」が「南無阿弥陀佛」として名号の中に一体となると、真宗信者は「安心《あんじん》」(心の平安)を得る。[訳注:この歌の典拠は「春　一九頁23」]

さいちやほとけがみ太いなら
こころをみいよきほをい太い《(機法一体)》
なむあみ犬ぶつ《(南無阿弥陀佛)》これがさいちが
をやさま《(親様)》よごをん《(御恩)》うれしや
なむあみ犬ぶつなむあみ犬ぶつ

(14) ブレイクニー訳、二一〇頁。

(15) 同書、一三頁。

(16) 同書、一四頁。

VIII

(1) 名号、中国語で *ming-hao*、サンスクリット語で *nāmadheya*。

(2) これはエックハルトを想起させる。

(3) 才市の歌に次のようにある。[訳注：この歌の典拠は「法①二二四頁31」]

ああ、せかいにみちるなむあみだぶつ。
せかいわ、わしがをやにもろをて、
これがたのしみ、なむあみだぶつ。

(4) 「おい才市」と才市が自《みずか》らを呼ぶ声からはじまるものが多いが、才市はすぐに自分がどう始めたかを忘れてしまう。したがって、二人称と一人称が混同されてしまう。ここでは文法上の整合性は全く考慮されていない。

IX

(1)「たとい我、仏を得んに、十方衆生、心を至し信楽して我が国に生まれんと欲うて、乃至十念せん。もし生まれずば、正覚を取らじ」。

(2) 説明されている如く、南無阿弥陀佛という六音からなる念仏は、実に不思議な言葉である。阿弥陀への絶対帰依と嘘偽りのない心で称えると、ある心理状態が生まれる。それはここでは「南無阿弥陀佛のすがた」とか「弥陀如来の凡夫に回向しましますこころ」と呼ばれている。この心が得られると、信者は退転する懼れがなく、正しく浄土へと生まれることが約束された人びとの仲間に入ったと言われるのである。このように目ざましめられた信心が、その人が浄土に生まれることを保証するのである。

(3) 真宗信仰の驚くべき点は、普通の人びとが決定心を抱くことである。すべての悪業も煩悩も阿弥陀に移譲され、実際に罪を犯した人たちでなく、阿弥陀佛が恐ろしい悪業の結果を引き受けてくださるのは、正にその時なのである。その上、阿弥陀が無数の生涯の中で積み重ねた修行のすべての功徳も惜しみなく帰依者に与えられるのである。これは専門用語で廻向(*pariṇāmanā*)の教義として知られている。

(4) これは真宗の教えが拠《よ》りどころとしている主要な大乗経典である。しかし、真宗で用いているものは西暦二五二年に康僧鎧《こうそうがい》が中央アジアから中国に来た時、中国語に訳したものである。

（5） この「功徳の廻向」という考え方は、インド・中国の仏教思想の歴史において、非常に深い形而上学的な意味をもっている。

（6） 涅槃は煩悩であり、煩悩は涅槃である。これは大乗仏教の重要な教えの一つである。しかし、その内含する意味が正確に把握されないと、神秘主義が日頃非難を浴びているような様々な誤解を招く結果となる。エックハルトもこういった理由で異端者として疑われ、取調べを受けた。

（7） 正定聚《しょうじょうじゅ》不退の位は真宗信者が浄土往生に絶対の確信を懐く境地である。言葉を換えて言えば、それは才市がそうであったように、浄土とこの世を隔てている扉がすべて取り去られたと、彼らが気づく時である。

（8） ポール・ティリッヒ氏が「宗教哲学類型」と題する論考に引用しているエックハルトの一文は次のように言う。

「神と魂の間には違和感もなければ、距たりもない。従って、魂は神と等しいのみならず、神である。つまり、神そのものなのである」と。

才市にとって阿弥陀は離れていながら、近い。多分、彼にとって阿弥陀は遠いから近くの存在であり、近くにいるから遠い存在となっているのであろう。才市の用いている言葉の意味するところは、「煩悩に満ちているから、自分を惨めに感ずるが、親さまである阿弥陀さまのお慈悲を味わわせて頂けるのは、まさにこの惨めさの故であるし、ご恩を感ずることに伴う感謝の思いは、宇宙の果てを越えてしまう位、限界を知らぬ」というのである。

（9） エヴァンス訳、一四九頁。

＊(訳注)『御文(章) 五帖目第五通』の原文は以下の通りである。

信心獲得すというは第十八の願をこころうるなり。この願をこころうるというは、南無阿弥陀佛のすがたをこころうるなり。このゆえに、南無と帰命する一念の処に、発願回向のこころあるべし。これすなわち弥陀如来の、凡夫に回向しましますこころなり。これを『大経』には「令諸衆生功徳成就」ととけり。されば、無始已来つくりとつくる悪業煩悩を、のこるところもなく、願力不思議をもって消滅するいわれあるがゆえに、正定聚不退のくらいに住すとなり。これによりて、煩悩を断ぜずして涅槃をうといえるは、このこころなり。この義は当流一途の所談なるものなり。他流の人に対して、此《かく》の如く沙汰《さた》あるべからざる所なり。能《よ》く能くこころうべきものなり。あなかしこ、あなかしこ。

X

(1)「にょらい」は中国語の「如来(*ju-lai*)」の日本風の読み方で、サンスクリット語の *tathāgata* を翻訳したもの。「このように来る、あるいは、行くもの」という意味。

(2) アンゲルス・ジレジウス(ドイツ神秘家詩人)の次の詩、参照。

「私は知っている。私なしには神は一瞬たりとも生きることができず、もしも、私が死んでしまえば、神はもはや生き永らえたまわぬであろうことを」。

「私は神と同じくらい大きく、神は私と同じくらい小さい。神は私以上のものではあり得ないし、私は神以下のものでもあり得ない」。

(3)「礼拝」は日本語で「拝む」に当たり、文字の上での意味は、恭《うやうや》しく、敬意をもって対象に頭を下げることである。「礼拝」などというと、少し大袈裟に響くかも知れぬが、もし、それがふつうに理解されているように、〝宗教的な敬意と尊崇〟の意味で受けとられるならば、礼拝という語を使っても何ら差し障りはない。

(4) 五月二十二日の夜に見た夢。

(5)「帰命」は日本語の南無に相当、「帰依」「尊崇」「崇拝」などを意味する。おそらく筆者はここで南無と阿弥陀佛の拝み合いが〝南無阿弥陀佛〟の意味するところであること、また、〝南無〟〝阿弥陀佛〟は阿弥陀とわれわれ一人ひとりの一体性を象徴するものであることを表そうとしているのであろう。

(6)「法界」はサンスクリット語の *dharmadhātu* で、宇宙は万物の一体性であることを意味している。

(7)「親」に相当する英語は見当たらない。生物学上の意味で言っているのではなく、父性と母性を併せ持ち、慈悲の象徴である。「さま」は敬称で、場合によっては単に「さん」と、より親近感のもてる短い形で表現される。

(8) 日本語の「鬼」、閻魔王配下の悪霊とも考えられる。

(9) 親さまとしての阿弥陀と、子としての才市の間の絶対的な信頼関係を指す。

(10) これは才市自身のこと。ここでは、「南無」が人格化されている。

(11) 念仏(字義通りには〝仏を念《おも》うこと〟)と名号(〝御名〟)はしばしば互いに入れ替えのきく言葉

である。どちらも〝南無阿弥陀佛〟という六音節を指す。これには、①名号それ自体として、②実際の称え言葉として、③一如であることの象徴として、の三つのものごとを表す働きがある。

(12) 次のような方程式が成り立つであろう。

機＝自力＝南無＝嘆願する個人＝罪人＝才市。

法＝阿弥陀＝仏陀＝さとり＝他力＝実在＝理法＝親さま＝如来。

(13) 才市は大抵の場合、「南無」を自らに宛て、「阿弥陀」を親さまとしている。彼自身を南無であり、阿弥陀である、と同一視することはおかしなことかも知れないが、才市がしばしば自分が南無であると同時に、阿弥陀でもあるとして、自分と南無阿弥陀佛を同等に見てしまうことに留意しておく必要があろう。

(14) ジゴクは一般的に受けとられている地獄で、ゴクラクは幸あるところ、ジョウドは浄土、シャバは〝この世〟のことで、サンスクリット語の *sahālokadhātu*。

(15) これは必ずしも、両眼を閉じる(つまり、死ぬ)時、はじめて浄土に生まれるということを意味するわけでもなく、また、両眼が開いている間はこの世にいると言っているわけではない。才市の考えは形而上学的で弁証法的と言えるかも知れぬ。しかしまた、言うまでもなく、才市がこれらをみな、哲学者風に意識しているわけではない。

(16) 阿弥陀からの果報や御恩は無償のもので、阿弥陀は決してその見返りや対価を求めない。罪人が心底から「南無阿弥陀佛」と称えられた時、彼はただちに阿弥陀の気づく所となり、根本から阿弥陀と一緒になる。阿弥陀と罪人の間にはいかなる排他的なものも疎外もない。分け隔ているのは罪人自身の妄想によるもので、その妄想が払拭された時、彼は太陽がいつもそこで輝いており、自身が無量の光に浴していたことに気づくのである。

(17) 「味」について。『聖書』の参考書『キリストにならいて』(トマス・ア・ケンピス著)三十四章、「汝を味わう彼にとって何の味が悪かろう。もし彼が汝を味わわなければ何が一体彼を楽しませるのであろう」。

(18) 光悦の中で才市は宇宙全体を構成している仏菩薩達と共に、自分が阿弥陀となっているが、彼自身矛盾を感じていることもある。その時はまるで尻尾を巻いた野良犬のように実に哀れになる。彼は「あさましやつまらんのわしのこころは八万四千」と叫ぶ。しかし才市はこの自己卑下の状態から仏の慈悲はありがたいありがたいといって意気揚々と抜けだす。心理学者なら才市は躁鬱心理の恰好の実例と考えるかもしれない。しかし問題は才市の心理は学者も含めた一般的な心理よりもはるかに健全であることにある。彼は信念堅固であり、エックハルトが言わんとする自己存在の根底に潜む「何か」を保っている。宗教意識を学ぶ者ならば、献身的な心には同時に同一対象に対して矛盾する二つの感情または価値をもつ状態があることは周知のことである。この観点からしても才市の言葉は非常に重要なものである。

(19) 「凡夫」は目覚めていない者で、仏に対峙する。

(20) サンスクリット語の *kleśa* は通例では煩悩のことで、無明と三毒から生まれ出る。

(21) 論理的に言えば、これは絶対矛盾の自己同一の一例である。才市はこれを体験の上で実証している。彼が、因果の法則に縛られているというような有限性の自覚をもつ時、彼の心は慚愧に満たされる。しかし、このことは自分が親様の御手に抱きとられたということを自覚しているがゆえであると気づくや否や、限りない喜びを覚えるのである。〝南無阿弥陀佛〟は慚愧と歓喜の合一、ないしは一体性を象徴している。

(22) ここでの貧困は自力ではいかなる果報も得られず、自分が所有していると考えているものの全てが阿弥陀もしくは親さまに持って行かれるということを意味する。よりはっきりと言うと、それは阿弥陀が全てであるという自己認識である。

(23) 内面的生活は、あるがままの、このままの、こだわらない、こちらから触れない、荒野を疾走する馬のような(エックハルト)、また神の意志に生きる蚤のようなものである。

(24) 元来日本語で「おのずから」と発音するが、意味する所は「あるがまま」「自然のまま」「自身であること」「自己に安住する」となる。「このまま」「そのまま」に該当する。

(25) 「はたらき」はもともと「作用」「活動」「効能」の意味。

(26) 「まるで出る」は「裸のまま出てくる」「欲することなく」「偽りなく」「精一杯の姿」という意味を含む。

(27) 「安心《あんじん》」は文字通り静かな心で、信心堅固を意味する。

(28) 「化物」は字の如く、この世のものではない物もしくは何らかの形をもちながら全く現実的でないもののこと。

(29) 日本語の「凡夫」。才市はこの語を凡夫の立場から仏性と対比させ抽象的な意味で使っている。キリスト教の立場から見た罪はここでは理解されていない。

＊　＊　＊　＊

（訳注）〝Ⅶ　このまま〟〝Ⅷ　「南無阿弥陀佛」についての覚え書〟〝Ⅸ　蓮如の「御文（章）」〟〝Ⅹ　才市の手記より〟の中で、大拙が英訳した「才市の詩」の典拠が判明した二冊の書名・頁数・番号を以下に示す。書名は、略称を使った。
『妙好人浅原才市集』鈴木大拙編著（一九六七年、春秋社刊）→春
『定本妙好人才市の歌』楠恭編（一九八八年、法蔵館刊）第一巻→法①、第二巻→法②、第三巻→法③

Ⅶ
（一）春　二八九頁66
（二）法①二〇〇頁72
（三）法①二〇五頁91
（四）法①一七二頁78
（五）法①二二八頁47
（六）法①二三一頁60
（七）法①二三二頁62
（八）法①二〇六頁97
（九）春　二八一頁17
（十）法①二三八頁90
（十一）法①二三九頁91
（十二）訳者の和訳。
（十三）法①三八頁86
（十四）法①二〇六頁97
（十五）春　二二頁41
（十六）春　二八二頁22
（十七）春　三七頁66
（十八）春　一四頁98

Ⅷ
（一）訳者の和訳。
（二）法①二一八頁8
（三）法①二二二頁24
（四）春　二九頁8
（五）春　七頁41
（六）春　三六頁64

（七）　法①九四頁32
（八）　春　二八五頁39
（九）　法①二三一頁60
（十）　法③三一〇頁21
（十一）法①一四九頁104
（十二）法①一五一頁106

Ⅸ

（一）　法③一二三頁53
（二）　法③一二二頁49
（三）　法③一一八頁31
（四）　法③一二〇頁40
（五）　法③七一頁29

Ⅹ

1　春　二八六頁46
2　春　二一頁35
3　春　二八二頁19
4　法①二二七頁44
5　法①一六二頁41
6　法①二一八頁5
7　春　二八二頁18
8　春　七頁41
9　法②一七二頁65
10　法①二二八頁48
11　法①二二四頁30
12　春　一八頁15
13　春　三六三頁52
14　春　三六二頁44
15　法③二二九頁50
16　春　二八九頁63
17　春　四〇頁96
18　春　一八頁14
19　春　三五頁54
20　春　四頁11
21　法③一二二頁49
22　法③三〇七頁8
23　春　四頁9
24　法①一七三頁81
25　春　六頁31
26　法①一五三頁8
27　法①一五四頁9
28　春　二六頁80
29　春　二五頁72
30　春　五頁24
31　春　一四頁101
32　法③八四頁88
33　春　二二頁41
34　春　二九六頁29
35　春　二九三頁15
36　法①二〇五頁92
37　法①一六五頁51
38　法②一七七頁89
39　法③三一一頁27

40 法①一七五頁88
41 法①一五四頁10
42 法①一五五頁14
43 法①一五七頁21
44 法①一五七頁22
45 春 三六頁58
46 春 一九頁25
47 春 三六頁61
48 春 一九頁22
49 法①二一三頁123
50 春 二九四頁16
51 法①一一頁32
52 春 一四頁98
53 法①一七一頁75
（原文では本文中54番の歌の末尾二行が、53番の歌の後に付けられているが、訳者により復元）
54 春 二九二頁3
55 春 三七頁66
（60番と同じ）
56 春 一九頁23
57 法①二一五頁131
58 春 三六一頁28
59 春 三六〇頁20
60 春 三七頁66
（55番と同じ）
61 春 一八頁11
62 春 二八三頁29
63 春 二八二頁22
（136番と同じ）
64 春 二八二頁22
（136番と同じ）
65 春 二一頁36
66 法①二三〇頁55
67 法①一八九頁36
68 法①二三七頁85
69 春 三六三頁57
70 春 三五八頁3
71 法①一七七頁97
72 法①一七七頁94
73 法③七三頁38
74 法①二〇二頁80
75 法③一一三頁10
76 法①二〇九頁109
77 法③二四六頁33
78 法③三一七頁50
79 法①二一五頁130
80 法①二一八頁8
81 法①二二二頁24
82 法②一七二頁68
83 春 三六四頁58
84 春 三七〇頁15

85 春 二九頁16
86 法①一〇一頁51
87 春 二八九頁63
88 法①二二八頁47
89 春 三一頁27
90 法③三二〇頁62
91 春 一八頁12
92 法③三一一頁26
93 法③三〇七頁7
94 法①一五五頁16
95 法②一五九頁5
96 法①二三五頁76
97 法①二〇八頁102
98 法③二三二頁57
99 春 二八四頁35
100 春 二八九頁65
101 春 二八三頁28
(125番の歌、参照)

102 法①二二四頁31
103 法①一五九頁28
104 法①一〇頁32
105 春 二九八頁49
106 法①二四頁63
107 法③一三一頁92
108 春 五頁20
109 春 三七頁69
110 春 二九三頁14
111 春 三頁6
112 春 三五頁52
113 春 二四頁56
114 春 二八一頁13
115 春 二八八頁54
116 春 一四頁96
117 法①一二頁33
118 法②一七七頁90
119 法②一七七頁91

120 法②一七五頁81
121 法①一八七頁29
122 春 二八九頁62
123 春 二八九頁62
124 法③二一七頁9
125 春 二八三頁27
126 春 三頁1
127 法①一九一頁41
128 春 二八七頁53
129 法①二二一頁19
130 法①二〇六頁97
131 法①二三八頁90
132 法①二三九頁91
133 法③一〇五頁68
(138番と同じ)
134 法③一〇八頁84
(140番と同じ)
135 法③二三〇頁54

136 春 二八二頁22
(63・64番と同じ)
137 法②一七四頁79
138 法③一〇五頁68
(133番と同じ)
139 法③三一〇頁21
140 法③一〇八頁84
(134番と同じ)
141 法③一〇〇頁46
142 法③三〇七頁5
143 法③三一九頁59
144 法①二二三頁29
145 法①一八六頁28
146 法①二二三頁28

訳者後記

坂東性純

第二次世界大戦後、八十歳代の鈴木大拙博士(以下大拙と略称)は、戦勝国アメリカに招かれて、同国の最高学府で、大乗仏教思想を講じた。この時の滞米は、断続して、十年近くに及んだ。本書は、その期間中に、大拙がアメリカの学生達を対象として行ったであろう、実際の講義内容の綱格を窺うためにはこの上ない貴重な記録とも言える。ただし、これは晩年だけに限られず、本書の内容は悉く著者の長年にわたる体験と思索を通して熟成されたものであると言えよう。しかも全編著者自身の筆になるものであり、学生や第三者の聞書は一切含まれていない。

また、本書は、単に大学の講壇における講義内容のみでなく、他大学やキリスト教会、仏教会、あるいは精神分析・宗教学・神学・哲学等の分野の学者のセミナー等で語った内容でもあったようである。また本書は、アメリカの最大都市ニューヨークで、最晩年、十年近くの歳月を送った、大拙の心中に去来した思索内容を生々しく伝えている。その広がりはかなり多岐に亘っており、初期仏教の教義をはじめとして、華厳・般若・唯識等の主要な大乗仏教思想の他、わけても大拙が大乗仏教の帰結と見ていた禅・浄土思想に広く説き及んでいる。殊に、西欧においては、長い間異端視されてきたマイスター・エックハルト(一二六〇—一三二七年)の神秘思想とその境涯を、禅語録に登場する数多の禅者の場合と対比させ、また浄土教の祖師達の思想や浅原才市を代表とする妙好人の信境等を直に対照せしめるなど、空前絶後の対比の試みを事もなげに遂行している。仏教・キリスト教、両教に通底した神秘主義の普遍的性格を、縦横無尽に論じていることは、書名が標榜している通り、本書の白眉と見ることができよう。

また、この書は、大拙が、終始英語という言語媒体を駆使して、自由奔放な思索を展開している点に、もう一つの特色が見られる。本書に含まれるどの章からも、晩年の大拙の円熟した境涯が、自由自在に用いられている流麗な英文の上に感じとられる。

この度、大拙が生前出版した四十冊を超える英文著作の中から三冊が選ばれ、和訳出版されることとなったが、本書はその二冊目に当たる。すなわち、一九〇七年ロンドンで出版された *Outlines of Mahayana Buddhism*(『大乗仏教概論』)と、一九五七年ニューヨークで刊行された *Mysticism: Christian and Buddhist*(『神秘主義—キリスト教と仏教』)、および、一九六一年東京において始められ、博士没後、一九七一年に、スイスでエーファ・ファン・ホボケン女史によって出版された *Sengai, the Zen Master*（『仙厓の書画』）の三作である。このうち、『大乗仏教概論』は、三十七歳の時、大拙が世界に問うた英文自著の処女作であり、『神秘主義―キリスト教と仏教』は最晩年の八十七歳の時のものである。また、『仙厓の書画』の原型は一九六一年、九十一歳の時の翻訳である。この三書のうち、大拙の思想展開の視点から見ると、『大乗仏教概論』と本書がそれぞれ仏教思想家としての大拙の、最初期と最盛期を代表する英文著作であると言えよう。

考えてみると、日本人が英語で著した書物を和訳して刊行するということは、些《いささ》か奇異な感じがしないでもないが、本書の場合は、「戦後アメリカに招かれた大拙は、仏教のどのようなメッセージを彼の地の青年達に伝えていたのか」という、日本の識者から屢々発せられる問いに応えうる資料を豊かに宿している。他書においてと同様、本書においては特に、大拙はどのような主題を取り上げる場合でも、世界の宗教の基盤をなしている普遍的原理（本書で〝神秘主義〟という名称で呼ばれているもの）を、一見極めて特殊な具体的事例に則して説示するのが常である。これは恐らく禅語録の手法に倣ったものと思われる。

本書の訳出に当たっては、多くの方々からの暖かいご指導・ご協力に接することができた。大拙先生の最晩年を代表するこの英文著作を、訳者の限られた力量で翻訳する作業は困難を極めたが、幸いに多くの先達・法友諸賢から寄せられた暖かいご助力のお陰で、曲がりなりにもこのような形に一応仕上げることができた。しかし、この著作は大拙師の八十余年に及ぶ思索と体験の結晶たる広範な内容と霊性的豊かさの表出であるがため、大意伝達の役割に留まらざるを得なかった。訳文に関する一切の過誤の責任はすべて愚生に帰せらるべきものである。

この度は左記の方々より一方ならぬご助力を頂いた。それぞれのお立場からのご芳情に浴するまたとないご縁を頂き、幸せこの上もなく、厚く御礼申し上げます。

上田閑照先生（京都大学名誉教授）からは禅籍・エックハルトに関し、岡村美穂子氏（大谷大学講師）からは、各章の成立過程や関連の人物・出来事に関して、N・A・ワデル先生（大谷大学教授）からは禅籍に関し、佐竹貫裕氏、角田佑一氏、石川千恵子氏からは才市の歌の出典調査に関し、ご助力を賜った。清水守拙氏（妙仙寺住職）にはⅧ・Ⅸ・Ⅹの三章の素訳と才市の歌の調査を担当していただいた。ことに佐竹氏にはこの仕事の始中終を通じて膨大な分量に上る編集事務一切を快く遂行して頂いたことを深い感謝を以てここに申し添えたい。

二〇〇三年十二月

解説　大拙思想の到達点

安藤礼二

1

鈴木大拙(一八七〇―一九六六)は、自らの思想の形成期と完成期をアメリカで過ごした。思想の形成期とは明治期の後半、二十代の終わりから四十歳を迎える直前までのことであり(この間、日本に帰ることはなかった)、完成期とはアジア・太平洋戦争敗戦後の八十歳を迎える前後から最晩年に至るまでのこと、である(この間は断続的に日本へ帰国している)。

生涯と思想を画するその二つの時期、大拙は英語を用いて、それぞれの時期を代表する二つの書物をまとめている。『大乗仏教概論』(一九〇七年)と本書『神秘主義　キリスト教と仏教』(一九五七年――以下、『神秘主義』と省略)である。この二つの書物は、いわば大拙思想の起源と帰結を示してくれている。もちろん大拙著作の英文著作はこの二つの書物に限られる訳ではない。禅を主題とした何篇もの論考、何冊もの書物が公にされている。大拙に世界的な名声をもたらしたのは逆にそれら、禅の導師としての仕事の方であった。

しかしながら、大拙がはじめてアメリカに渡るにあたって抱いていた強い意志、インドに生まれた仏教が中央アジアから中国大陸、朝鮮半島を経て極東の列島である日本に伝わり、変容し、定着することで形をなした「東方仏教」(Eastern Buddhism)のもつ可能性を世界に向けて発信するという点において、『大乗仏教概論』と『神秘主義』は、そうした未曽有のプロジェクトの全貌、その始まりの場所と終わりの場所を提示してくれる特権的な書物となっていることは疑い得ない。大拙にとって「東方」とは、インドから北回りに展開された「大乗」仏教の流れと、インドから南回りに展開された「小乗」仏教の流れが一つに総合される地でもあった。ただし、仏教の展開を南北に分けるのは、明治期の仏教理解の限界である。現在では「北」の仏教も「南」の仏教も、より複雑な過程を経て発展したことが分かっている。その上、「大乗」から見た「小乗」という差別的な名称はもはや用いられておらず、「上座部」の仏教と総称されるようになっている。ただし、大拙は、そのような状況をも理解した上で、生涯を通して、極東の地である「東方」(日本)の仏教のもつ可能性を模索し続けたといえる。「東方仏教」は、大拙が妻ビアトリスと日本ではじめた英文仏教雑誌のタイトルとして採用され、紆余曲折を経ながらも現在にまで至っている。

しかも、大拙の思想を知るためには必要不可欠のこの二冊の書物の邦訳が岩波書店から相次いで単行本として刊行されたのは二〇〇四年の初頭(一月と二月)のことであった。つまり『大乗仏教概論』の原著書刊行からはすでに一世紀近く、『神秘主義』の原著書刊行からも半世紀近くの歳月が流れ去っていた。いずれも禅を特権的に論じる大拙からはかけ離れた破格の書物であった(それゆえ邦訳に取りかかり、完成するのが遅れたのでもあろう)。それまで、主に大拙が日本語で残してきた著作を通してしか大拙の思想に触れることができなかった者たちにとっては突如として未知なる大拙が、未知ではあるがそのなかにこそ真に思想の核を秘めた大拙の営為が、浮上してきたのである。原著の刊行年数としてはちょうど五十年のひらきがある二冊の書物、『大乗仏教概論』と『神秘主義』は、その骨格となる仏教理解においても、またそれを明らかにする方法においても、深く共通するところがあった。もちろんそこには単なる連続性だけではなく、当然のことながら、後述するような鋭い非連続性が、限りのない飛躍と発展があるのもまた間違いないのだが……。

日本語を用いてなされた著作のなかで大拙が強調するのは「東方仏教」、その根幹となる日本的「霊性」のもつ特殊性にして固有性である。それに対して英語を用いてなされた著作のなかで大拙が強調するのは、「東方仏教」をその一つの顕現とする「霊性」思想のもつ一般性にして普遍性である。なお、本書では一貫してスピリチュアル(spiritual)もしくはスピリチュアリティ(spirituality)が「霊性」と翻訳されており、そうした方針はきわめて正しいと思われる。「霊性」思想のもつ一般性と普遍性を探るために大拙は、「無」神論である仏教とは一見対照的な「有」神論の極であるキリスト教、しかもその教義自体を内側から解体し再構築することで可能となったキリスト教神秘主義思想との比較対照を求めていく。こうした比較宗教学的な視座を保持していることこそが、大拙の英文著作の大きな特徴である。仏教が特権視されることなく、他者との対話にひらかれているのだ(ただし本書でも、「東洋」の優位性が独断的に主張されている部分もあり、そうした点は今後も批判的な受容が望まれるであろう)。

実のところ『大乗仏教概論』においても、『神秘主義』においても、大拙の「東方仏教」理解に大きな相異はない。「東方仏教」は、インドにおいてヒンドゥー的な「有」神論に対抗するようなかたちで生まれた始原の仏教が主張していた「無」(空)の意味を大きく変えてしまった。変容した東方的な「無」は、キリスト教の神秘主義的な展開のなかで可能となった、人格的で「一」なる神以前に位置づけられる非人格的で「無」なる「神性」(Godhead)とほとんど等しい性格をもつようになる。「無」の側からは「有」が抽出され、「有」の側からは「無」が抽出され、その両者が重ね合わされていくのだ。それでは、大拙が考える東方的な「無」(空)とは、一体どのようなものだったのか。大拙は本書『神秘主義』のなかで、明確にこう定義してくれている(五三―五四頁)。大拙は、たたみかける。仏教の主張する「空性」は不在や絶滅や空《あ》きを意味するものではないのだ。そうではなく――。

不在・絶滅・空き――これらは仏教でいう〝空〟の概念ではない。仏教の〝空〟は、相対的次元の話ではない。それは主観・客観、生・死、神・世界、有・無、イエス・ノー、肯定・否定など、あらゆる形の関係を超越した絶対空である。仏教の空性の中には時間も、空間も、生成も、ものの実体性もすべてない。それはこれらすべてのものを可能ならしめるものである。それは無限の可能性に満たされた零《ゼロ》であり、また、無尽蔵の内容をもつ空虚である。

「無限の可能性に満たされた零《ゼロ》」、あるいは、「無尽蔵の内容をもつ空虚」。それが「東方仏教」が主張する「無」にして「空」なのである。そのなかから森羅万象あらゆるものが産出されてくるようなゼロ。こうした「空」の理解は、実に、ちょうど五十年前に刊行された『大乗仏教概論』においてすでに提出されていた。そして、そのこと、つまりは、あらゆる実体(もの)を破壊してしまう「空」ではなく、あらゆる実体(もの)を生成する母胎となるような「空」を大乗仏教一般の原理として据えたことに対して、大拙の『大乗仏教概論』は、ヨーロッパの文献学者から激しい批判を受けていたのである。以上の経緯については、『大乗仏教概論』の邦訳者である佐々木閑の手になる「訳者後記」に詳しい(二〇一六年に本文とともに岩波文庫化されている)。佐々木は「訳者後記」で大拙の仏教理解の問題点を批判的に浮かび上がらせている。一部異論もあるが――具体的な事柄に関しては拙著『大拙』(講談社、二〇一八年)にまとめている――佐々木が実践したように、大拙の成し遂げた仕事を盲目的に崇拝するのではなく、現在の視点から批判的に再検討することによってあらためてその解釈の独自性にして独創性(その裏には誤読や誤謬も潜む)を確定していくことは今後の大拙研究においてますます欠かせないことになるであろう。

2

大拙は、『大乗仏教概論』において、さらには『神秘主義』に至るまで、不在や絶滅の「空」ではなく、創造的にして産出的な「空」を「東方仏教」の基盤に据え続けた。その際、大拙の導きの糸となったのは、万物の母胎としての「空」を「如来蔵」として位置づけた『大乗起信論』であった。『大乗仏教概論』に先立ち、大拙は漢語から英語に『大乗起信論』を翻訳する(一九〇〇年)。『大乗起信論』は、先の引用に大拙があげたようなさまざまな二項対立――その最大のものが有限の人間と無限の如来(仏陀)の対立となろう――を二つであるがまま一つに結び合わせるものが「心」、しかも「空」として澄み切った「心」、すなわち「アーラヤ識」であると説いていた。

有限の存在は、「心」のなかに如来になるための可能性、その種子をあたかも胎児のように孕んでいる。アーラヤ識としての「心」のなかに如来を蔵している(「蔵」は「子宮」を意味すると大拙は記す)。如来蔵とは、如来の子宮にして「空」としての「心」そのもののことである。そこではあらゆる対立が、相矛盾したまま一つに結び合わされており、それゆえ、「心」をもった森羅万象あらゆるものは(つまり「東方仏教」において森羅万象あらゆるものは「心」をもっているのである)、そのあるがままで、如来となる可能性を秘めている。それがこの宇宙の原理であり真実である。その有様を「真如」(永遠の真理)という。大拙は、『大乗起信論』を英語に翻訳する際、「真如」をSuchnessと訳出する。Suchness、つまりは「そのあるがまま」(あるいは「あるがまま性」とも)である。『神秘主義』のなかで用いられている語彙に翻訳すれば、「このまま」にして「そのまま」である。

さらには、この「真如」こそが、仏教(「東方仏教」)における「神性」(Godhead)なのだ、とも大拙は記している(『大乗仏教概論』)。本書『神秘主義』でマイスター・エックハルトが唱える神以前の「神性」とまったく同じ単語が、すでにこのとき、用いられている。しかも、「このまま」(「あるがまま」)とは、『神秘主義』の第Ⅶ章の表題そのものでもある。それだけではない。実は『神秘主義』という書物は、その全体が大文字からはじまるSuchness(つまりは「真如」)と小文字からはじまるsuchness(つまりは「そのまま」にして「このまま」)によって織りなされたハーモニー、一つの交響楽として成り立っているのである。坂東性純と清水守拙による本書の邦訳は達意のものである。しかし、どうしても英語による微妙なアンサンブルを表現し尽くすことは――他の誰が行っても――できる訳ではない(Suchnessをすべて「真如」と訳してしまうと文意が通じなくなってしまう)。誤解のないようにあえて記しておきたいが、以下述べることは本邦訳の批判ではなく、大拙の探究が、その始まりから終わりまで一貫していることをただ示したいだけである。

たとえば、本書の第Ⅱ章「仏教哲学の基盤」で展開される「仏教の自然の哲学」(一一九―一二二頁)にいう「自然」とは、原文ではすべて大文字からはじまるSuchnessのことである。それを踏まえて(原文を付した)、次の一節をあらためて読み直してみると、どうなるであろうか(一一九頁)――。

それゆえ、さとりの体験とは、山の最高峰によじ登り、そこから実在の全領域を眺望し得た時にのみ、われわれがもち得るものなのである。あるいは次のように言うこともできよう。それは多様性を抱え込んだ体系全体を支えている基盤そのものに触れた時にのみ達成される体験なのだと。ここに、何ものもさらに加えることのできぬ、限りない内容を孕んだ意識がある。すべてが満ち足りている。ここにあるすべてのものは、その意識にとっては、ありのままの顕れ方をしている。要するに、それは絶対の充実性であるところの、絶対の自然〔absolute Suchness〕、絶対空のすがたなのである。

「さとり」の体験とは、多様なものを産出する宇宙の基盤そのもの、すなわち森羅万象あらゆるものを産出する意識(「心」)に直接触れ得たとき、そうした「心」を生き、直接に体験したときに訪れる。森羅万象あらゆるものは、そのあるがまま、意識(「心」)から生み出されてくる。そうした有様こそが絶対の「真如」であり、同時にまた絶対の「空」なのだ。大拙は、まさにここで、『大乗起信論』に説かれ、自らが整理した如来蔵思想の核心を、創造的に反復している。鈴木大拙とは、生涯をかけて「東方仏教」を成り立たせる基盤である「あるがまま」としての真如、如来蔵としての「心」を探究した宗教者にして表現者だった。

そして、当然のことであるが、大拙はたった一人で、日本語と英語の狭間で、「真如」をSuchnessと翻訳するというような独創的な見解を抱くことができたわけではなかった。インドでもなく、中国でもなく、この極東の列島たる日本の仏教(「東方大乗仏教」)のもつ可能性を世界のなかで考える。そのようなことを大拙に先立って、新大陸アメリカを舞台にして行わざるを得なかったのが、大拙の師にあたる人々であった(「師」といっても、彼らもいまだ充分に若かった)。一八九三年、コロンブスの新大陸発見四〇〇年を記念して、シカゴで万国博覧会がひらかれる。そこに併催された万国宗教会議に日本から、仏教各宗派を代表する若き僧侶たちが参加する(ただし参加にあたって公的な支援は出ず、その大部分をそれぞれの周囲からのごく私的な支援によってまかなったという)。これが、いわゆる「東方大乗仏教」(Eastern Mahāyāna Buddhism)と新大陸アメリカとの最初の接触(ファースト・コンタクト)であった。

そこに臨済宗を代表して参加したのが釈宗演(一八五九―一九一九)であった。金沢から東京に出て、自己実現を模索する一人の悩める青年であった鈴木貞太郎に「大拙」という居士号を与えて未来を指し示した、当時、円覚寺の若き管長に就いたばかりの人物である。宗演たちは、世界に向かって、「大乗仏教」のもつ豊かな可能性を主張しなければならなかった。なぜなら当時、ヨーロッパの文献学で最も重視されていたのがサンスクリット語にもとづいた正確な始祖伝の再構築、つまりは初期仏教の研究であり、漢語に翻訳された上で列島に導入された「大乗仏教」は、始祖ゴータマ・シッダッタ没後数百年を経て、インドから遠く離れた地で編纂された恣意的で二次的なもの、起源を歪める悪しきものと評されていたからである。「大乗非仏説」、大乗の経典類はすべて始祖ゴータマ・シッダッタすなわち仏陀が直接説いたものではない。そのような批難に抗い、「大乗仏教」のもつ積極的な価値を抽出してくること。宗演たちに求められ、宗演たちが応えなければならなかったのは、そのような難問であった。

宗演たちは英語と日本語のバイリンガル版として、さまざまなパンフレットを作成する。それらの基盤となったのが『大乗起信論』に代表される如来蔵思想、あらゆる二項対立を調停する「真如」の思想にして、唯一の「心」から森羅万象あらゆるものが産出されてくる様を説く「霊性」の思想であった。如来蔵思想は最澄の天台宗、空海の真言宗を成立させる契機となった教えでもある。真言宗は『華厳経』を基盤としてそこからの超出を説き、天台宗は『法華経』を基盤としてそこに禅と浄土と密の教えを総合することを説いていた。つまり、如来蔵思想は、極東の仏教すべての教えをそのなかに包み込める可能性をもっていたのだ。

それだけでなく、「空」としての「心」を消滅のゼロでなく生成のゼロと捉え直すことで、如来蔵思想は無神論と有神論と汎神論、すなわち無神教(仏教)と一神教と多神教との間を、具体的に言えば仏教と神道との間を、あるいは仏教とヒンドゥー教との間を、さらには仏教とユダヤ教・キリスト教・イスラームとの間を、一つにつなぐことができると考えられたのだ。もちろん、そうした総合性にして統一性の裏には無責任な折衷性に堕するという危険性も孕まれている。それが如来蔵思想に対して、最澄と空海の時代から大拙たちの時代、そして現代に至るまで投げかけられる激烈な批判である。しかし、大拙の師たちは、そしてその教えを受けた大拙自身もまた、自らの思想の根幹に如来蔵思想を据え、それを最後まで保持し続けた。

宗演たちは「霊性」という日本語(漢語)を、大文字の「心」(Mind)という英語に置き換える。大文字の「心」として表現される「霊性」こそが、精神と物質、主観と客観、有限の人間と無限の神(無限の如来)、さらには東洋と西洋という分割を乗り越え、そこに統一と総合をもたらすのである。後に大拙が日本語で書き上げた代表作『日本的霊性』(一九四四年)の冒頭(「緒言」)で論じる「霊性」の定義そのものである。つまり、大拙の「霊性」の起源は、その地点、ローカルな大乗仏教(日本)とグローバルな資本主義(アメリカ)がはじめて接触した地点にあったのだ。以上、文庫版の解説という条件もあり、典拠に関する言及はすべて省略してしまったが、詳細については拙稿「近代日本哲学の真の起源　「霊性」再興プロジェクトとしての万国宗教会議」(佐伯啓思監修『ひらく①』、エイアンドエフ、二〇一九年)を参照していただければ幸いである。

大拙曰く、「霊性」とは(以下、引用は角川ソフィア文庫版による)――。

精神または心を物(物質)に対峙させた考えの中には、精神を物質に入れ、物質を精神に入れることが出来ない。精神と物質との奥に、今一つ何かを見なければならぬのである。二つのものが対峙する限り、矛盾・闘争・相剋・相殺などいうことは免れない。それでは人間はどうしても生きて行くわけにいかない。なにか二つのものを包んで、二つのものが畢竟ずるに二つでなくて一つであり、また一つであってそのまま二つであるということを見るものがなくてはならぬ。これが霊性である。今までの二元的世界が相剋し相殺しないで、互譲し、交驩《こうかん》し、相即相入するようになるのは、人間霊性の覚醒にまつより外ないのである。言わば、精神と物質の世界の裏に今一つの世界が開けて、前者と後者とが、互いに矛盾しながら、しかも映発するようにならねばならぬのである。これは霊性的直覚または自覚によりて可能となる。

つまり、鈴木大拙とは、世界が一つになった近代という時代に、極東の列島に生み落とされたという自身の固有性をあらためて問い直そうとした宗教者たちの初発の試み(プロジェクト)を引き継ぎ、それに一つの完成をもたらした人物であった。グローバルな地平から自身のローカルな価値(意味)を再検討し、グローバルな価値(意味)を根柢から変革しようとした人物であった。しかも、問題は、大拙自身にとっても、大拙の若き師たちにとっても、宗教だけにとどまるものではなかった。前近代的な旧い宗教は近代の科学にひらかれ、科学によって鍛え直され、超近代的な新たな哲学として、いまここに再生しなければならなかったからだ。

宗演たちは続けていく。人格をもった超越する神を前面に立てず、非人格的な自然のなかに内在する神性をより重視する仏教(「東方大乗仏教」)は、現在勃興しつつある新しい科学ときわめて大きな親和性をもっている。特に、人間的な意識ではなく超人間的な無意識を探究する心理学に対しては大乗仏教の「無我」の思想にして深層意識（アーラヤ識）の哲学が、精神と物質がいまだ分割されていない根源的な生命体（生殖細胞）から森羅万象あらゆるものの系統的な発生を説く生物学に対しては大乗仏教の「輪廻」の思想にして如来蔵の哲学が応答するであろう。そのことによって、機械的な科学をいったん解体し（無化するのではない）、情動的な哲学（精神的な宗教哲学）として再構築していくことが可能になる。宗演は、万国宗教会議の席上で、仏教に説かれた輪廻思想と現代の科学思想との親近性を説いた。その原稿の整理を手伝ったのが大拙である。

3

半世紀以上の歳月を経た後、大拙は、やはり宗演たちの試みを直接引き継ぎ、本書『神秘主義』で一つの解答を導き出す。心理学と生物学を、仏教哲学のもとで一つに総合しようとする。大拙の思想の完成は、文字通り、仏教を近代化するという世紀のプロジェクトの完成でもあった。

『神秘主義』の第Ⅵ章の「十字架とさとり」では相対的自我が可能にする人間的な意識ではなく、その奥底に潜み、相対的自我そのものを生み落とす超越的自我が切り拓く超人間的な「無意識」の世界に直接触れることの重要性が説かれている（二一三頁）。大拙がここで述べている相対的自我と超越的自我との関係性は、アジア・太平洋戦争期から戦後にかけて日本語で書かれた著作で展開された、人間的で具体的な個(「個己」としての人)と超人間的で普遍的な「超個」(「個己」を超えた「無位の真人」)の関係性(『日本的霊性』および『臨済の基本思想』)と等しいものである。さらに言えば、超越的自我を「真如」にして「如来蔵」と読み換えることも充分に可能である。つまり、「十字架とさとり」のなかで大拙が用いている「相対的自我」を人間の有限の意識として、「超越的自我」を如来の無限の意識(つまりは「如来蔵」としての無意識)として読み換えてみれば、それがそのまま『大乗起信論』の英訳とそれをもとにして成立した『大乗仏教概論』の基本構造を指し示すことになる。すなわち(二一四頁)——。

超越的自我は、それを通じて自ら機能するための一つの形として、相対的自我を必要とすることは確かである。しかし、そうであるからとて、相対的自我の消失はとりもなおさず超越的自我の喪失をも意味するとまで考えてしまうほど、超越的自我は相対的自我と同一視されるべきではない。超越的自我は創造するはたらきであり、相対的自我は創られるものなのである。相対的自我というものは、己と相対峙している超越的自我に先だって存在するようなものではない。相対的自我が超越的自我から生まれ出るのであって、それに全面的に依存している関係にあるのだ。超越的自我がなければ、相対的自我も無いのである。結局のところ、超越的自我は万物を生み出す母なる存在と言ってよかろう。

「無意識」として存在する超越的自我、つまりは「如来蔵」としての「心」は万物の母胎であり、創造の働きをもつ。その創造は機械的かつ知性的に行われるものではなく、情動的かつ精神的に行われるものである。大拙は、『神秘主義』の第Ⅴ章「輪廻について」で、「如来蔵」としての「心」、「無意識」として存在する超越的自我を起動させるものとして人間的な欲望ではなく、人間的な欲望を超えた超人間的な欲望、生命のもつ活力そのものであるような純粋な欲望、「渇愛」を据える。この「渇愛」こそが「慈悲」の源泉となり、森羅万象あらゆるものに固有の形を与える力の源泉となるのだ。大拙は、こう説く(二〇七頁)——。

究極の実在が一か二か三か、あるいはもっと多数なのかは知らぬが、私には限りなくさまざまな形に変容した、あるいは変容し得る一つの渇愛が、自己表現を行って、われらのこの世界を形成しているように思われる。渇愛は限りなくさまざまな姿・形をとり得るものなので、はてしなく変化に富んだ形をとるのは当然である。それ故、とる姿・形を決めるものが渇愛なのである。このことが、われらの意識に訴えかけていることなので、われらの意識こそ究極の根拠であって、それ以上遡りようがない。

宇宙自体の自己表現への欲望、自然自体の自己表現への欲望を共有しているからこそ、われわれは猫をはじめとする動物にも、植物にも、鉱物にも、自らを見出し、また自らのうちに動物を、植物を、鉱物を見出すことができるのだ。それが「輪廻」の根拠であり、「輪廻」の現実なのだ。「如来蔵」としての「心」が、創造への欲望に、渇愛に、「慈悲」に満ちる。そこから森羅万象あらゆるものが産出されていく……。大拙の『神秘主義』は、師たちから引き継いだ思想の宗教的な完成のみならず哲学的な完成を示している。そして、それは日本という固有の問題を超えて、世界という普遍の問題の前に大拙を立たせることになった。

万国宗教会議でなされた宗演たちの演説に深い感銘を受けた、ドイツからの宗教的な亡命者でもあったポール・ケーラス（一八五二―一九一九）のもとで大拙の最初の、そして十年以上にもおよぶアメリカでの生活が営まれることになった。ケーラスは出版社オープン・コートを経営し、雑誌『モニスト』(一元論者)を編集していた。大拙はそのアシスタントのような仕事をしながら、『大乗起信論』を英訳し、『大乗仏教概論』をまとめていった。

『モニスト』はその誌面をチャールズ・サンダース・パースに自由に使わせ、ウィリアム・ジェイムズの特集を組んだ。宗教的な諸経験の根源に無限の存在と合一するという体験を据え、そのような「直接経験」にして「純粋経験」から一であるとともに多でもある意識と宇宙の発生を探るアメリカの新たな哲学、プラグマティズムと同走しながらも、宗教と科学、特に東洋思想と心理学および生物学との総合を目指した。精神と物質を分割しない一元的な領野の探究は、唯物論と唯心論という、相反する二つの陣営から同時に、激しい反撥とともに深い共感を呼び寄せた。ロシアの革命家レーニンとフランスの哲学者アンリ・ベルクソンはともに『モニスト』を熱心に読み進め、レーニンは『唯物論と経験批判論』を、ベルクソンは『創造的進化』を書き上げていった。

アメリカの大拙からの刺激を受けた、金沢の第四高等中学校以来の盟友である西田幾多郎は、ジェイムズが「直接経験」にして「純粋経験」として定義した「体験」から独自の哲学を築き上げていった。しかし、大拙にとっても、西田にとっても、そこで大きな問題が生じることになった。有限の人間が無限の神(無限の如来)と合一を遂げる「体験」こそが、新たな哲学の基礎となる。それは禅がもたらしてくれる「さとり」、その源泉としてある仏教の始祖ゴータマ・シッダッタの「涅槃」の体験(解脱)と等しいものであるはずだ。しかし、禅の「さとり」は、仏陀の「解脱」は、その定義上、言語を超えた「体験」であったはずである。そのような「体験」を哲学の基礎として組織し直すことは可能なのか。

大拙がその系譜に連なる臨済の禅は、言語を超える「体験」を可能にするために、言語のもつ論理自体が矛盾の極で破綻する瞬間を「公案」という形で生きさせる。西田は、そうした瞬間を、哲学的に「絶対矛盾的自己同一」という定式で整理する。しかし、大拙も西田も、そのような理論的な整理だけで満足することはできなかった。大拙を例に取れば、そうした地点に、『大乗仏教概論』と『神秘主義』が連続しつつも非連続となる切断面があらわれ出る。『大乗仏教概論』の時点で、大拙は、『大乗起信論』読解をもとに、無限者(如来)と有限者(人間に代表される森羅万象)が互いに矛盾し合いながらも合一するという自身の宗教哲学の基盤となる基本構造を抽出することに成功していた。しかし、合一の瞬間、どのような事態が生起してくるのか。禅だけではその論理的な側面、知的な側面しか浮き彫りにすることができないのだ。

そのような大拙の前に、「ありのまま」(「真如」)をそのまま生き、無限の「仏」が同時に有限の「私」でもあるような「妙好人」と称される存在が突如としてあらわれたのだ。「妙好人」は、親鸞がひらいた浄土真宗の教えを、ただただ愚直に生き抜いているような人々であった。「南無阿弥陀仏」という名号を唱え続けることで、無限の存在である浄土を生きる阿弥陀と有限の存在である娑婆を生きる「私」が信仰においても、生活においても、労働においても、互いに矛盾し合うまま一つに融け合っているような人々であった。

大拙の浄土真宗との関わりは深い。渡米の前にも、西本願寺の内部から生まれた改革派の人々と付き合い、在米中も、帰国の後もその付き合いは続いた。帰国後、学習院に英語担当の教師として職を得ていた大拙を、宗教哲学の教授として招いたのは東本願寺から生まれた大谷大学である。ただし、大拙が、「さとり」としての「純粋経験」に至る二つの道として、禅の知的な方法と並んで、あるいはそれ以上に、真(浄土真宗)の情的な方法があることを明確に理解したのは、『浄土系思想論』(一九四二年)としてまとまる諸論考のもととなる講演をし、原稿を書いていた過程で、であろう。「妙好人」の発見はその直後に起こり(松ヶ岡文庫編「略年譜」による)、それが『日本的霊性』へと直結することになる。

大拙は『日本的霊性』のなかで、「妙好人」浅原才市が残した印象的な歌を引きながら、「名号」そのものを溶かし込んだようなその歌を通して阿弥陀と遊戯するように生きる才市の姿を、こう描き出している(引用は同前)——。

今娑婆で、このあさましの身をそのままにして、みだと共に遊戯三昧の生活をやって居る。そして浄土も亦この遊戯の継続に過ぎないのだということは、よほど信心に徹底したものでないと、そうはいいきれないのである。いくらか理窟を覚えたものなら何とかかとか、いい得られぬこともなかろう。が、才市のように、こうも無造作にいいのけてしまうということは、並大抵の修行錬磨では可能でないのである。日本的霊性的直覚は、実に才市において、一顆の八面玲瓏《れいろう》たる結晶体を形成したと謂ってよい。

大拙は、才市の残した歌を英語に翻訳する際、「をのずから」にSuchnessという言葉を与える(三一四—三一五頁、「一三六」の歌)。「あさましやあさましいのもをのずからであるありが太や」、あさましい慚愧もまた「そのままで」自らの内から発せられる歓喜の言葉へと変容を遂げるのだ。まさにここに「そのまま」を現実に生き抜いた聖人が存在していたのである。「妙好人」という聖人の発見が、時間と空間を超え、中世のヨーロッパに生まれた聖人、マイスター・エックハルトの生涯と思想の発見に導く。すべてを捨て去ることによって、人間的な自我が「無」となった場所で、やはり「無」である神と出会うことが可能になる。

大拙はエックハルトの教説を英語訳で読んでいた。そのうちの一冊をまとめたレイモンド・B・ブレイクニー（一八九五―一九七〇）は、ドイツ語のみならず漢語も理解する人物であった。エックハルトの教説をドイツ語から英語に翻訳するだけでなく、『老子道徳経』もまた漢語から英語へと翻訳していた。老子の説く「道」は万物の母としての「無」である。ブレイクニーは、エックハルトのいう神と出会う「無」の場所に、「子宮」という訳語を宛てている。大拙もまた、『大乗起信論』を漢語から英語に翻訳する以前に、ケーラスのアシスタントとして『老子道徳経』を漢語から英語に翻訳する手伝いをしていた。その際、大拙が、仏教的な「如来蔵」（如来の子宮）に重なり合う概念として老荘的な「無」（万物の母胎）の概念を捉えていたことは疑い得ない。エックハルトと「妙好人」、西洋の「無」と東洋の「無」は通底し合い、交響し合う。そこに大拙の思想の完成がある。

そしてまた、何度も繰り返すようであるが、思想の完成は同時にその思想を死に追いやる最も危険な場所でもある。大拙はアジア・太平洋戦争下、「妙好人」を西谷啓治（一九〇〇―一九九〇）の導きによって発見した。西谷は、おそらく日本人として最も早く、また最も深くエックハルトの思想を理解し、紹介した人物である。その西谷は、同じこの時期、ナチスの全体主義に――もちろん相応の留保を加えながらも――ある種の可能性を、あらゆるものを破壊し、そのことによってあらゆるものを再生させる野生と精神性の矛盾しながらの合一、「神秘」を介した合一という可能性を見出していた（『根源的主体性の哲学』）。

ナチスの思想、全体主義（ファシズム）の思想への共振は西谷だけでなく、その師でもあった大拙その人の営為のなかにも見出せる。現在、そうした視点からの激しい批判が、特に海外の研究者たちから寄せられている――その詳細については前掲拙著『大拙』の「はじめに」にまとめている。大拙の英文著作では、つねに物質的な「西洋」に対する精神的な「東洋」の優位が説かれており、それは強固なナショナリズム形成に通じる。あるいは、『禅と日本文化』（日本語版＝一九四〇年）では『葉隠』にもとづいた「死の哲学」が称揚されており、それは特攻を許容し、ある場合には賛美さえした戦時下の「皇国禅」の提唱者たちの姿勢と通底しているのではないか。

さらには大拙のパトロンであったチャールズ・クレインはかなり後までナチス支持者であり、大拙自身が残した文章のなかにも、初期のナチズムについて、ある種の好意と共感とが認められる、等々。おそらく、それらのすべてを否定することは難しい。だがしかし、大拙の名誉のためにあえてここで記しておけば、世界大戦が勃発するや否やすぐさま、大拙は私的な書簡においても、公的な記事においても、ナチスや大日本帝国の行き過ぎた政策については断固として批判し、違和感を表明し、そうした態度を、世界大戦が最も激しくなった時期においても持続している。大拙が積極的な戦争賛美者、戦争協力者であったことは一度もない。

しかしながら、それでもなおかつ、世界大戦後の大拙は、直接的あるいは間接的に、「存在者」ではなく「存在」を自身の哲学の中心に据えたマルティン・ハイデガーと、「意識」(個的な表層意識)ではなく「無意識」(集合的な深層意識)を自身の心理学の中心に据えたカール・グスタフ・ユングと、友好的かつ創造的な対話を交わしている。影響は一方的なものではなく双方的なものであった。ハイデガーの「存在」は、大拙が依拠した真如としての如来蔵に、ユングの「無意識」は、アーラヤ識としての如来蔵に、きわめて類似する理念である(ユング心理学の起源の一つも、大拙やベルクソン同様、アメリカでまとめられた有機的な進化論に存在する)。「個」ではなく「超個」を——東西を問わず、それは間違いなく二〇世紀の思想の課題でもあった。

ハイデガーもユングも、その生涯においても思想においても、ナチスとの接近が指摘され、批判されている。それでは、ハイデガーの「存在」も、ユングの「無意識」も、「悪」として葬り去ってしまえば、それですべてが済むのか。おそらく、何の解決にもなるまい。時代を画する理念は、そのなかに未来の可能性と未来の不可能性を、構築と破壊の双方をあらかじめ孕み込んでしまっているのだ。大拙にとっては、消滅のゼロではなく生成のゼロ、「無」にして「無限」である、あるがままの「真如」(Suchness)、となるであろう。

森羅万象あらゆるものを産出する「無」は、同時にまた、森羅万象あらゆるものを破壊する「無」でもあった。大拙の思想には光も闇も、可能性も不可能性も含まれている。その危険性を理解した上で、いかにして未来へと継承していったら良いのか。いま、大拙を読むとは、そのような覚悟を必要とする。その果てにこそ、大拙のように読むこと、あるいは大拙のように書くこと、そうした真の創造性があらわれ出てくるはずである。

神秘主義《しんぴしゅぎ》 キリスト教と仏教

2020 年 5 月 15 日　第 1 刷発行
2024 年 4 月 5 日　第 3 刷発行

著　者　鈴木大拙《すずきだいせつ》

訳　者　坂東性純《ばんどうしょうじゅん》　清水守拙《しみずしゅせつ》

発行者　坂本政謙

発行所　株式会社 岩波書店
〒101-8002 東京都千代田区一ツ橋 2-5-5
案内 03-5210-4000　営業部 03-5210-4111
文庫編集部 03-5210-4051
https://www.iwanami.co.jp/

印刷・精興社　製本・中永製本

ISBN 978-4-00-333236-8　Printed in Japan

読書子に寄す

——岩波文庫発刊に際して——

岩波茂雄

真理は万人によって求められることを自ら欲し、芸術は万人によって愛されることを自ら望む。かつては民を愚昧ならしめるために学芸が最も狭き堂宇に閉鎖されたことがあった。今や知識と美とを特権階級の独占より奪い返すことはつねに進取的なる民衆の切実なる要求である。岩波文庫はこの要求に応じそれに励まされて生まれた。それは生命ある不朽の書を少数者の書斎と研究室とより解放して街頭にくまなく立たしめ民衆に伍せしめるであろう。近時大量生産予約出版の流行を見る。その広告宣伝の狂態はしばらくおくも、後代にのこすと誇称する全集がその編集に万全の用意をなしたるか。千古の典籍の翻訳企図に敬虔の態度を欠かざりしか。さらに分売を許さず読者を繫縛して数十冊を強うるがごとき、はたしてその揚言する学芸解放のゆえんなりや。吾人は天下の名士の声に和してこれを推挙するに躊躇するものである。このときにあたって、岩波書店は自己の責務のいよいよ重大なるを思い、従来の方針の徹底を期するため、すでに十数年以前より志して来た計画を慎重審議この際断然実行することにした。吾人は範をかのレクラム文庫にとり、古今東西にわたって文芸・哲学・社会科学・自然科学等種類のいかんを問わず、いやしくも万人の必読すべき真に古典的価値ある書をきわめて簡易なる形式において逐次刊行し、あらゆる人間に須要なる生活向上の資料、生活批判の原理を提供せんと欲する。この文庫は予約出版の方法を排したるがゆえに、読者は自己の欲する時に自己の欲する書物を各個に自由に選択することができる。携帯に便にして価格の低きを最主とするがゆえに、外観を顧みざるも内容に至っては厳選最も力を尽くし、従来の岩波出版物の特色をますます発揮せしめようとする。この計画たるや世間の一時の投機的なるものと異なり、永遠の事業として吾人は微力を傾倒し、あらゆる犠牲を忍んで今後永久に継続発展せしめ、もって文庫の使命を遺憾なく果たさしめることを期する。芸術を愛し知識を求むる士の自ら進んでこの挙に参加し、希望と忠言とを寄せられることは吾人の熱望するところである。その性質上経済的には最も困難多きこの事業にあえて当たらんとする吾人の志を諒として、その達成のため世の読書子とのうるわしき共同を期待する。

昭和二年七月

《東洋思想》〔青〕

- 易経 全二冊　高田真治・後藤基巳訳
- 論語　金谷治訳注
- 孔子家語　藤原正校訳
- 孟子 全二冊　小林勝人訳注
- 老子　蜂屋邦夫訳注
- 荘子 全四冊　金谷治訳注
- 新訂 孫子　金谷治訳注
- 荀子 全二冊　金谷治訳注
- 韓非子 全四冊　金谷治訳注
- 史記列伝 全五冊　司馬遷／小川環樹・今鷹真・福島吉彦訳
- 春秋左氏伝 全三冊　小倉芳彦訳
- 塩鉄論　曾我部静雄訳註
- 千字文　小川環樹・木田章義注解
- 大学・中庸　金谷治訳注
- 仁学 —清末の社会変革論　譚嗣同／西順蔵・坂元ひろ子訳注
- 章炳麟集 —清末の民族革命思想　西順蔵・近藤邦康編訳
- 梁啓超文集　岡本隆司・石川禎浩・高嶋航編訳
- マヌの法典　田辺繁子訳
- ガンディー獄中からの手紙　森本達雄訳
- ウパデーシャ・サーハスリー —真実の自己の探求　シャンカラ／前田専学訳

《仏教》〔青〕

- ブッダのことば —スッタニパータ　中村元訳
- ブッダの真理のことば 感興のことば　中村元訳
- 般若心経・金剛般若経　中村元・紀野一義訳註
- 法華経 全三冊　坂本幸男・岩本裕訳注
- 日蓮文集　兜木正亨校注
- 浄土三部経 全二冊　中村元・早島鏡正・紀野一義訳註
- 大乗起信論　宇井伯寿・高崎直道訳注
- 臨済録　入矢義高訳注
- 碧巌録 全三冊　入矢義高・溝口雄三・末木文美士・伊藤文生訳注
- 無門関　西村恵信訳注
- 法華義疏 全二冊　聖徳太子／花山信勝校訳
- 往生要集 全二冊　源信／石田瑞麿訳注
- 教行信証　親鸞／金子大栄校訂
- 歎異抄　金子大栄校注
- 正法眼蔵 全四冊　道元／水野弥穂子校注
- 正法眼蔵随聞記　懐奘編／和辻哲郎校訂
- 道元禅師清規　大久保道舟訳注
- 一遍上人語録 付 播州法語集　大橋俊雄校注
- 南無阿弥陀仏 付 心偈　柳宗悦
- 蓮如上人御一代聞書　稲葉昌丸校訂
- 日本的霊性　鈴木大拙／篠田英雄校訂
- 新編 東洋的な見方　鈴木大拙／上田閑照編
- 大乗仏教概論　鈴木大拙／佐々木閑訳
- 浄土系思想論　鈴木大拙
- 神秘主義 キリスト教と仏教　鈴木大拙／坂東性純・清水守拙訳
- 禅の思想　鈴木大拙
- ブッダ最後の旅 —大パリニッバーナ経　中村元訳
- 仏弟子の告白 —テーラガーター　中村元訳
- 尼僧の告白 —テーリーガーター　中村元訳

ブッダ神々との対話—サンユッタ・ニカーヤI　中村元訳
ブッダ悪魔との対話—サンユッタ・ニカーヤII　中村元訳
禅林句集　足立大進校注
ブッダが説いたこと　ワールポラ・ラーフラ　今枝由郎訳
ブータンの瘋狂聖ドゥクパ・クンレー伝　ゲンドゥン・リンチェン編　今枝由郎訳
梵文和訳 華厳経入法界品　梶山雄一・丹治昭義・津田真一・田村智淳・桂紹隆 訳注

《音楽・美術》〔青〕

ベートーヴェンの生涯　ロマン・ロラン　片山敏彦訳
音楽と音楽家　シューマン　吉田秀和訳
レオナルド・ダ・ヴィンチの手記 全二冊　杉浦明平訳
ゴッホの手紙 全三冊　硲伊之助訳
ロダンの言葉抄　高村光太郎訳　高田博厚・菊池一雄編
ビゴー日本素描集　清水勲編
ワーグマン日本素描集　清水勲編
河鍋暁斎戯画集　山口静一・及川茂編
葛飾北斎伝　飯島虚心　鈴木重三校注
ヨーロッパのキリスト教美術—十二世紀から十八世紀まで 全二冊　エミール・マール　柳宗玄・荒木成子訳

近代日本漫画百選　清水勲編
蛇儀礼　ヴァールブルク　三島憲一訳
セザンヌ　ガスケ　與謝野文子訳
日本洋画の曙光　平福百穂
映画とは何か 全二冊　アンドレ・バザン　野崎歓・大原宣久・谷本道昭訳
漫画 坊っちゃん　近藤浩一路
漫画 吾輩は猫である　近藤浩一路
ロバート・キャパ写真集　ICPロバート・キャパ・アーカイブ編
北斎 富嶽三十六景　日野原健司編
日本漫画史—鳥獣戯画から岡本一平まで　細木原青起
世紀末ウィーン文化評論集　ヘルマン・バール　西村雅樹編訳
ゴヤの手紙 全二冊　大高保二郎・松原典子編訳
丹下健三建築論集　豊川斎赫編
丹下健三都市論集　豊川斎赫編
ギリシア芸術模倣論　ヴィンケルマン　田邊玲子訳
堀口捨己建築論集　藤岡洋保編

《哲学・教育・宗教》〔青〕

- ソクラテスの弁明・クリトン　プラトン　久保勉訳
- ゴルギアス　プラトン　加来彰俊訳
- 饗宴　プラトン　久保勉訳
- テアイテトス　プラトン　田中美知太郎訳
- パイドロス　プラトン　藤沢令夫訳
- メノン　プラトン　藤沢令夫訳
- 国家　全二冊　プラトン　藤沢令夫訳
- プロタゴラス ―ソフィストたち　プラトン　藤沢令夫訳
- パイドン ―魂の不死について　プラトン　岩田靖夫訳
- アナバシス ―敵中横断六〇〇〇キロ　クセノポン　松平千秋訳
- アリストテレス　ニコマコス倫理学　全二冊　高田三郎訳
- アリストテレス　形而上学　全二冊　出隆訳
- アリストテレス　弁論術　戸塚七郎訳
- アリストテレース詩学・ホラーティウス詩論　松本仁助・岡道男訳
- 物の本質について　ルクレーティウス　樋口勝彦訳
- エピクロス ―教説と手紙　出隆・岩崎允胤訳

- 生の短さについて　他二篇　セネカ　大西英文訳
- 怒りについて　他二篇　セネカ　兼利琢也訳
- エピクテトス　人生談義　全二冊　國方栄二訳
- 人さまざま　テオプラストス　森進一訳
- マルクス・アウレーリウス　自省録　神谷美恵子訳
- 老年について　キケロー　中務哲郎訳
- 弁論家について　全二冊　キケロー　大西英文訳
- キケロー書簡集　高橋宏幸編
- 平和の訴え　エラスムス　箕輪三郎訳
- 方法序説　デカルト　谷川多佳子訳
- 哲学原理　デカルト　桂寿一訳
- 情念論　デカルト　谷川多佳子訳
- パンセ　全三冊　パスカル　塩川徹也訳
- スピノザ　神学・政治論　全二冊　畠中尚志訳
- 知性改善論　スピノザ　畠中尚志訳
- スピノザ　エチカ（倫理学）　全二冊　畠中尚志訳
- スピノザ　国家論　畠中尚志訳

- スピノザ往復書簡集　畠中尚志訳
- デカルトの哲学原理 ―附 形而上学的思想　スピノザ　畠中尚志訳
- スピノザ　神・人間及び人間の幸福に関する短論文　畠中尚志訳
- モナドロジー　他二篇　ライプニッツ　谷川多佳子・岡部英男訳
- 市民の国について　全二冊　ヒューム　小松茂夫訳
- 自然宗教をめぐる対話　ヒューム　犬塚元訳
- エミール　全三冊　ルソー　今野一雄訳
- 人間不平等起原論　ルソー　本田喜代治・平岡昇訳
- ルソー　社会契約論　桑原武夫・前川貞次郎訳
- 言語起源論 ―旋律と音楽的模倣について　ルソー　増田真訳
- ディドロ　絵画について　佐々木健一訳
- 道徳形而上学原論　カント　篠田英雄訳
- 啓蒙とは何か　他四篇　カント　篠田英雄訳
- 純粋理性批判　全三冊　カント　篠田英雄訳
- カント　実践理性批判　波多野精一・宮本和吉・篠田英雄訳
- 判断力批判　全二冊　カント　篠田英雄訳
- 永遠平和のために　カント　宇都宮芳明訳

プロレゴメナ　カント　篠田英雄訳
学者の使命・学者の本質　フィヒテ　宮崎洋三訳
シュライエルマッハー 独白　木場深定訳
ヘーゲル 政治論文集　全二冊　金子武蔵訳
哲学史序論 —哲学と哲学史　ヘーゲル　武市健人訳
歴史哲学講義　全二冊　ヘーゲル　長谷川宏訳
法の哲学 —自然法と国家学の要綱　ヘーゲル　上妻精・佐藤康邦・山田忠彰訳
学問論　シェリング　西川富雄・藤田正勝監訳
自殺について　他四篇　ショウペンハウエル　斎藤信治訳
読書について　他二篇　ショウペンハウエル　斎藤忍随訳
知性について　他四篇　ショーペンハウエル　細谷貞雄訳
不安の概念　キェルケゴール　斎藤信治訳
死に至る病　キェルケゴール　斎藤信治訳
体験と創作　全二冊　ディルタイ　柴田治三郎・小牧健夫訳
眠られぬ夜のために　全二冊　ヒルティ　草間平作・大和邦太郎訳
幸福論　全三冊　ヒルティ　草間平作・大和邦太郎訳
悲劇の誕生　ニーチェ　秋山英夫訳

ツァラトゥストラはこう言った　全二冊　ニーチェ　氷上英廣訳
道徳の系譜　ニーチェ　木場深定訳
善悪の彼岸　ニーチェ　木場深定訳
この人を見よ　ニーチェ　手塚富雄訳
プラグマティズム　W・ジェイムズ　桝田啓三郎訳
宗教的経験の諸相　全二冊　W・ジェイムズ　桝田啓三郎訳
日常生活の精神病理　フロイト　高田珠樹訳
純粋現象学及現象学的哲学考案　全二冊　フッセル　池上鎌三訳
デカルト的省察　フッサール　浜渦辰二訳
愛の断想・日々の断想　ジンメル　清水幾太郎訳
ジンメル宗教論集　深澤英隆編訳
笑い　ベルクソン　林達夫訳
道徳と宗教の二源泉　ベルクソン　平山高次訳
時間と自由　ベルクソン　中村文郎訳
ラッセル教育論　安藤貞雄訳
ラッセル幸福論　安藤貞雄訳
存在と時間　全四冊　ハイデガー　熊野純彦訳

学校と社会　デューイ　宮原誠一訳
民主主義と教育　全二冊　デューイ　松野安男訳
我と汝・対話　マルティン・ブーバー　植田重雄訳
アラン 幸福論　神谷幹夫訳
アラン 定義集　神谷幹夫訳
天才の心理学　E・クレッチュマー　内村祐之訳
英語発達小史　H・ブラッドリ　寺澤芳雄訳
日本の弓術　オイゲン・ヘリゲル述　柴田治三郎訳
ことばのロマンス —英語の語源　ウィークリー　寺澤芳雄・出淵博訳
ヴィーコ 学問の方法　上村忠男・佐々木力訳
国家と神話　全二冊　カッシーラー　熊野純彦訳
天才・悪　ブレンターノ　篠田英雄訳
人間の頭脳活動の本質　他一篇　ディーツゲン　小松摂郎訳
プラトン入門　R.S.ブラック　内山勝利訳
反啓蒙思想　他二篇　バーリン　松本礼二編
マキアヴェッリの独創性　他三篇　バーリン　川出良枝編
ロシア・インテリゲンツィヤの誕生　他五篇　バーリン　桑野隆編

論理哲学論考　ウィトゲンシュタイン　野矢茂樹訳

自由と社会的抑圧　シモーヌ・ヴェイユ　冨原眞弓訳

根をもつこと　全二冊　シモーヌ・ヴェイユ　冨原眞弓訳

重力と恩寵　シモーヌ・ヴェイユ　冨原眞弓訳

全体性と無限　全二冊　レヴィナス　熊野純彦訳

啓蒙の弁証法 ―哲学的断想　M・ホルクハイマー　T・W・アドルノ　徳永恂訳

ヘーゲルからニーチェへ　十九世紀思想における革命的断絶　全二冊　レーヴィット　三島憲一訳

統辞構造論　付『言語理論の論理構造』序論　チョムスキー　福井直樹　辻子美保子訳

統辞理論の諸相　方法論序説　チョムスキー　辻子美保子　福井直樹訳

快楽について　ロレンツォ・ヴァッラ　近藤恒一訳

古代懐疑主義入門　判断保留の十の方式　J・アナス　J・バーンズ　金山弥平訳

ニーチェ　みずからの時代と闘う者　ルドルフ・シュタイナー　高橋巖訳

フランス革命期の公教育論　コンドルセ他　阪上孝編訳

フレーベル自伝　長田新訳

旧約聖書　創世記　関根正雄訳

旧約聖書　出エジプト記　関根正雄訳

旧約聖書　ヨブ記　関根正雄訳

旧約聖書　詩篇　関根正雄訳

新約聖書　福音書　塚本虎二訳

文語訳　新約聖書　詩篇付

文語訳　旧約聖書　全四冊

キリストにならいて　トマス・ア・ケンピス　大沢章　呉茂一訳

聖アウグスティヌス　告白　全二冊　服部英次郎訳

アウグスティヌス　神の国　全五冊　服部英次郎　藤本雄三訳

新訳　キリスト者の自由・聖書への序言　マルティン・ルター　石原謙訳

キリスト教と世界宗教　シュヴァイツェル　鈴木俊郎訳

水と原生林のはざまで　シュヴァイツェル　野村実訳

コーラン　全三冊　井筒俊彦訳

エックハルト説教集　田島照久編訳

ムハンマドのことば　ハディース　小杉泰編訳

新約聖書外典　ナグ・ハマディ文書抄　荒井献　大貫隆　小林稔　筒井賢治　編訳

後期資本主義における正統化の問題　ハーバーマス　山田正行・金慧訳

シンボルの哲学 ―理性、祭礼、芸術のシンボル試論　S・K・ランガー　塚本明子訳

ジャック・ラカン　精神分析の四基本概念　全二冊　ジャック＝アラン・ミレール編　小出浩之　新宮一成　鈴木國文　小川豊昭訳

精神と自然　生きた世界の認識論　グレゴリー・ベイトソン　佐藤良明訳

人間の知的能力に関する試論　全二冊　トマス・リード　戸田剛文訳

開かれた社会とその敵　全四冊　カール・ポパー　小河原誠訳

《日本文学(現代)》〔緑〕

怪談 牡丹燈籠	三遊亭円朝
小説神髄	坪内逍遥
当世書生気質	坪内逍遥
アンデルセン 即興詩人 全二冊	森鷗外訳
ウィタ・セクスアリス	森鷗外
青年	森鷗外
雁	森鷗外
阿部一族 他二篇	森鷗外
山椒大夫・高瀬舟 他四篇	森鷗外
渋江抽斎	森鷗外
舞姫・うたかたの記 他三篇	森鷗外
鷗外随筆集	千葉俊二編
大塩平八郎 他三篇	森鷗外
浮雲	二葉亭四迷 十川信介校注
野菊の墓 他四篇	伊藤左千夫
吾輩は猫である	夏目漱石
坊っちゃん	夏目漱石
草枕	夏目漱石
虞美人草	夏目漱石
三四郎	夏目漱石
それから	夏目漱石
門	夏目漱石
彼岸過迄	夏目漱石
漱石文芸論集	磯田光一編
行人	夏目漱石
こころ	夏目漱石
硝子戸の中	夏目漱石
道草	夏目漱石
明暗	夏目漱石
思い出す事など 他七篇	夏目漱石
文学評論 全二冊	夏目漱石
夢十夜 他二篇	夏目漱石
漱石文明論集	三好行雄編
倫敦塔・幻影の盾 他五篇	夏目漱石
漱石日記	平岡敏夫編
漱石書簡集	三好行雄編
漱石俳句集	坪内稔典編
漱石・子規往復書簡集	和田茂樹編
文学論 全二冊	夏目漱石
坑夫	夏目漱石
二百十日・野分	夏目漱石
五重塔	幸田露伴
努力論	幸田露伴
一国の首都 他一篇	幸田露伴
渋沢栄一伝	幸田露伴
飯待つ間 —正岡子規随筆選	正岡子規 阿部昭編
子規句集	高浜虚子選
病牀六尺	正岡子規
子規歌集	土屋文明編
墨汁一滴	正岡子規